버리는 조직
버림받는 조직

THE
DELETE

조영덕, 정성만, 박현석 지음

살아있는 것은 반드시 죽습니다. 그렇지만 우리는 오늘이 지나면 또 다른 내일이 온다고 믿고 하루를 살아갑니다. 우리는 한 사람도 예외없이 시한부 인생을 살고 있습니다. 다만 각자의 그 시간이 다를 뿐입니다.

경영자들은 경영을 객관적 사실보다는 주관적 감정과 욕구에 맡깁니다. 경영자가 경영에 대한 연구나 공부를 하지 않았지만 잘 나가는 기업들도 있습니다. 하지만 기업이란 그저 경제적 이익만 내는 사회적 기관이 아니며 기회를 확보하고 지속생존해야 할 책임이 있습니다. 그것이 기업의 탄생을 승인하고 돕는 사회의 요구인 것입니다.

경영의 과제는 생산성 문제며 생산성은 성과로 나타나는 것입니다. 성과는 행복의 샘이지요.
경영이란 새로운 것을 흡수하고 낡은 것은 버리는 과정을 반복하는 습관입니다. 포기는 소극적이며 수동적 선택이고, 버리기는 적극적이며 능동적 행동입니다. 버리는 이유는 "살고, 잘 살고, 더 잘 살기 위한 것"입니다.

화이트 헤드가 말한 이 이성의 기능이야말로 버리는 목적입니다.

스스로 버리는 작업은 자신이 주인으로 지속생존하기 위한 결단입니다. 그 선택은 어떤 사명도 없이 그저 오래 살겠다는 욕망이 아니라, 세상에 이로운 한 인간 또는 건강한 사회적 구성요소로 잘 살겠다는 욕구입니다. 에베레스트산 정상에 도달하겠다는 등반객이 등에 무거운 짐을 잔뜩 지고 꼭대기에 오를 수는 없는 법입니다.

인간과 법인은 모두 생명체입니다. 먹어야 살고 또 버려야 살 수 있습니다. 어느 것이 먼저라고 고민할 필요는 없습니다. 먹기 위해서는 비워야 하고, 이왕이면 자신이 주체가 되어 비우는 것이 언제나 유리합니다. 버리는 것과는 반대로 양 손에 움켜쥐기만 하고 생명을 유지할 수 있는 생명체가 있을까요. 움켜쥔 손은 더는 아무것도 잡을 수 없고 욕망으로 가득한 마음은 더 큰 욕망에 갈증을 느끼게 되고, 그 갈증은 결국 일회 인생의 뿌리를 상하게 만듭니다.

버려야 하는 것은 찌꺼기와 과지방 뿐만 아니라, 아무런 기능도 발휘하지 못하며 다른 것들의 기능과 생산성 발휘에 걸림돌이 되는 것들이 포함해야 합니다. 우리는 '체계적 버리기'라는 수단을 통해 타인에게 상처 주는 일들, 즉 인간의 그늘진 천성인 탐욕, 권력욕, 금전욕에 맞서고 그 지나친 욕구때문에 자신과 타인들이 고통받지 않게 자신을 다스리는 인격 수양에 힘써야 합니다.

가난은 행복을 향해 달리는 자전거 앞에 등장하는 돌뿌리입니다. 결핍이 아니라 풍요 속에 있는 사회가 더 건강할 수 있습니다. 버리기는 그런 풍요를 달성하기 위한 밭갈이와 같습니다. 밭을 갈고 휴경 기간을 두어 땅을 회복시키지 않고서는 풍성한 수확을 기대할 수 없는 법이지요.

필요나 의도만으로 조직의 존재가 합리화될 수는 없는 법이며, 사회가 승인하고 응원하는 공헌과 성과가 있어야 합니다. 다른 사회구성원들의 정당한 삶, 다시 말해서 정신적, 육체적, 경제적으로 건전한 삶을 해치지 않고 인간다움을 유지하면서 행복할 수 있는 조직 생활은 가능합니다. 경영자의 기능이라고 하는, 즉 "평범한 사람들로 하여금 비범한 성과를 내는 조직을 창조하는 것"도 충분히 할 수 있는 일입니다.

버리는 경영으로 글로벌 시장에서 성장한 기업들도 많고, 버리지 못하고 대기업에서 몰락하여 사라진 기업들도 적지 않습니다. 스스로 버리지 못하는 기업은 경쟁자에 의해 낡은 것이 되고 나서야 허둥지둥 서두릅니다. 고객, 파트너, 구성원과 법을 무시한 경영자가 감옥초대권을 받고 어찌 해보려고 하는 것과 다를 바 없습니다. 그러나 그때는 버릴 기회와 의사결정권이 자신이 아니라 이미 경쟁자와 고객 그리고 사회로 넘어간 뒤입니다.

버리지 않고 더 높이 도약할 수 있는 길은 없습니다. 개인이나 기업이나 서둘러 버려야 할 것은 이기심이며, 포기하지 않고 쥐어야 할 것은 이타심입니다. 고객과 그 기업이 속한 사회를 향해 공헌하겠다는 신념과 실천이 보이지 않는 기업은 반드시 몰락할 것입니다.

버리는 경영의 결과는 인재가 몰리는 일류 기업이 되는 것입니다. 겉보기 경영으로 허명만 날리고 구성원들의 삶은 행복과는 거리가 멀다면 그런 기업에 도전의식을 가진 인재가 올 리 없습니다. 거기에 들어가겠다고 줄을 서는 사람들은 성형수술 미인에 빠진 겉치레와 안전지대를 찾는 사람들입니다. 거짓과 유혹은 오래가지 못하는 법이며 반드시 드러난다는 것을 역사가 증언합니다.

조직에 절실하게 필요한 인재란 미지의 세계에 도전할 수 있는 용기와 결기를 가진 사람들입니다. 미래는 예측하는 사람이 아니라 그 미래를 창조하는 사람만이 볼 수 있습니다. 리더십은 쉬운 것이 아니라 어려운 것을 해결할 수 있는 능력입니다. 버리기는 가장 익숙한 것과 결별해야 하기에 무엇보다 어렵지만, 가장 잘 살 수 있는 길은 오늘 아무런 생산성 이라고는 없는 과거를 버리고 미래를 건설하는 것입니다.
"행복은 크기가 아니라 바로 자기 곁에 있는 사람이 행복한 지에 달려 있다"는 말이 있습니다. 버리는 경영이 선을 추구하는 사람들에게 더불어 행복한 조직과 사회를 건설할 수 있는 토대가 된다면 저 멀리 있는 드러커도 미소 지을 것입니다.

CONTENTS

SA 00
잡스의 유언

"끝없는 욕망을 버리고
삶의 의미에 초점을 맞춰라"

1955년에 태어나 55세로 생을 마감한 애플의 창업자이자 그의 사명대로 세상을 바꾼 스티브 잡스가 세상에 남긴 마지막 말은 생각해 볼만한 삶의 나침반입니다. 그는 33년 동안이나 매일 아침 거울을 보면서 "오늘 내가 이 일을 하지 않으면 무엇을 할 것인가"를 자문했다고 합니다. 현대인들은 너무 바빠 살기에 지금 자신의 좌표가 어디인지, 어디로 가고 있는지 돌아볼 기회를 갖지 않습니다. 그러나 우리에게 중요한 것은 얼마나 보다는 어떻게 살 것인가입니다. 아래 잡스의 유언을 읽어 보시기 바랍니다.

나는 비즈니스 세계에서 성공의 정점에 도달했다. 남들 보기에는 내 삶은 성공의 원형이다. 하지만, 나로서는 일을 빼곤 즐거움이란 별로 없었다. 결국 "부"란 내게 익숙한 삶에 지나지 않는다.

지금 이 순간 병상에 누워 내 일생을 돌아보면, 그토록 자랑스러웠던 명성과 부는 닥쳐올 죽음 앞에 빛이 바래고, 아무 의미도 없다는 것을 깨닫는다. 어둠 속 생명연장장치에서 발산되는 초록 불빛을 바라보며, 윙윙거리는 기계 소음을 들을 때, 내게 점점 가까이 다가오는 죽음의 신이 내뿜는 숨소리를 느낄 수 있다.

이제야 나는 깨달았다. 살만큼 부를 쌓은 뒤에는 부와 무관한 것들을 추구해야 한다는 것 말이다. 그것은 더 중요한 그 무엇이어야 한다. 아마도 인간관계, 예술, 또는 젊은 시절의 꿈같은 것 말이다. 쉬지 않고 부를 추구하는 것은 결국 나처럼 뒤틀린 인간을 만들 것이다.

신은 우리에게 부가 가져다 주는 환상이 아니라 모든 사람들의 가슴 속에 담긴 사랑을 느낄 수 있는 감각을 주었다. 죽으면서 평생 성취한 부를 가져갈 방법은 없다. 내가 가져 갈 수 있는 것이라곤 사랑에 빠졌던 기억들 뿐이다. 그 기억들이야말로 당신을 따르며, 당신과 함께 하고, 당신이 살아갈 힘과 빛을 주는 진정한 부다. 사랑은 천 마일도 갈 수 있다.

삶에는 한계가 없다. 가고 싶은 곳을 가라. 오르고 싶은 만큼 높은 곳에 올라라. 모든 것은 마음과 손 안에 있다. 이 세상에서 가장 비싼 침대는 병상이다. 운전해 줄 사람이나, 돈 벌어줄 사람을 고용할 수는 있어도, 당신 대신 아파 줄 사람을 구할 수는 없는 법이다. 잃어버린 물건을 다시 찾을 수는 있어도 결코 되찾을 수 없는 것이 하나 있는데, 그것이 바로 "인생"이다.

수술실에 들어가면, 여전히 읽어야 할 책이 "건강한 삶에 대하여"라는 것을 깨닫게 된다. 지금 삶의 어느 순간에 있던, 우리는 삶의 마지막 커튼이 내려오는 날을 맞이하게 될 것이다. 가족에 대한 사랑을 귀하게 여기고, 아내를 사랑하고, 친구들을 사랑하라. 자신을 아끼고, 다른 사람들도 소중히 여겨라.

　아래 질문은 잡스의 유언을 읽고 난 다음 무엇을 해야 할 지 각자 자문할 기회를 갖기 위한 질문입니다. 질문에 답하면서 내게 무엇이 소중한지, 그 소중한 것들에 대하여 내일이 아니라 오늘 무엇을 어떻게 할 것인지 적어 보면 좋겠습니다.

1　당신은 사명이 있습니까. 있다면 그 사명은 자신, 가족, 그리고 사회에 어떤 의미가 있습니까?

_____

2　당신은 자신의 인생에서 가장 소중한 것이 무엇인지 알고 있습니까?

_____

3　알고 있다면 그것을 위해 매일 무엇을 하고 있습니까?

_____

4　그 소중한 것을 대상으로 당신이 매일 하는 행동이 당신과 그 소중한 것에게 이로운 것인가요?

_____

5   당신의 행동에 대해 그 소중한 대상과 논의해 보았나요?

_____

6   만약, 오늘 무엇이든 다시 결정할 수 있다면 당신이 생각하는 그 소중한 것들에 대하여 이제 무엇을 하시겠습니까?

_____

7   당신은 자기 인생의 유일한 경영자입니다. 당신은 어떤 사람으로 기억되기 바라시나요?

_____

SA 01

Warming Up
질문 30개

아래 30개 질문에 수월하게 답할 수 있다면, 더는 이 책을 읽을 필요 없습니다. 이 책을 버리고 시간 자원을 아끼기 바랍니다.

질문

Q1　1997년 스티브 잡스가 애플 부활의 임무를 맡아 복귀한 뒤 가장 먼저 한 일 두 가지는 무엇이었나요?

Q2　당신은 창업자가 나이 들어 오랫동안 성장 정체를 겪고 있는 회사의 전문경영자로 영입되었습니다. 상황을 파악해 보니 여러 사업부 가운데 특히 두 사업부는 벌써 수년 째 적자를 면치 못하고 있다고 합니다. 그런데도 창업자는 회사의 핵심사업이라고 하면서 흑자사업부문의 이익을 적자사업부문에 투입하고 있습니다. 창업자는 당신이 죽어

가는 혹은 이미 죽은 사업을 부활시켜 주기를 기대하고 있습니다. 당신이 이 상황에서 창업자에게 해야 할 질문은 무엇인가요?

Q3　당신은 어제 재무담당자의 분기 보고를 통해 회사의 현금흐름이 3개월에 불과하다는 보고를 받았습니다. 매출은 증가하고 있었는데도 말입니다. 주거래 은행과 통화해보니 통화 유동성 관리를 위해 정부에서 추가 대출을 억제하고 있어서, 추가 자금 대출이 불가능하다는 말을 들었다고 합니다. 사람으로 친다면 정기 건강검진에서 암에 걸렸다는 것, 그것도 남은 기간이 3개월이라는 것과 같습니다. 경영자인 당신이 지금 해야 할 일은 무엇인가요?

Q4　조직에서 사장을 중심으로 하는 소수의 끼리끼리 경영은 그 외 구성원들에게는 소외감을 줄 뿐이고, 구성원으로서 그들의 자발적인 참여 욕구를 떨어뜨리는 일입니다. 이런 기업일수록 감추려는 것이 많고, 회사안에서는 상상의 뒷담화가 난무하게 되지요. 뒷담화는 조직에서 필요한 일이고, 사실 뒷담화에 등장하는 주인공들에게는 고마운 일일 수도 있습니다. 그렇지만 구성원들이 내일로 여기고 자발적인 참여도를 높이는 것, 즉 주인정신을 가질 수 있게 하려면 경영자가 해야 할 가장 중요한 일은 무엇인가요?

Q5　오늘 가장 성공적인 제품이며 회사에 상당한 이익을 주고있다 하더라도 그것을 쓸모 없게 만들고, 심지어 사라지게 할 다른 내일을

만드는 것을 무엇이라고 하나요?

Q6   경영은 과거를 유지하는 일이 아닙니다. 죽은 시체에 방부제를 넣어서 보관하려는 것처럼 어리석은 일도 없습니다. 어제가 죽지 않으면 내일은 오지 않으며, 이 때문에 내일을 준비하지 못하는 것 뿐만 아니라 심지어 오늘을 개척하는 데 필요한 시간과 자원, 그리고 열정도 확보하지 못하게 됩니다. 그렇다면 당신은 지금 무엇을 먼저 해야 하나요?

Q7   당신은 창업가입니다. 흔히 스타트업은 모든 것이 부족한 상태에서 시작합니다. 꿈은 크기에 배고픈 사자와 다를 바 없지요. 우리 인생도 누구에게나 스타트업입니다. 그렇기에 아이러니하게도 버리는 것에 적극적이어야 합니다. 스타트업 경영자가 처음부터 끝까지 잊지 않고 지켜야 할 버리기 대상이 있습니다. 이것은 이미 안정되어 순항하고 있는 기업의 경영자에게도 마찬가지로 적용됩니다. 그것은 무엇일까요?

Q8   1억불의 개발비를 들여 넘어지지 않는 개인 운송 도구를 만든 기업이 세그웨이였습니다. 스티브 잡스와 제프 베조스도 극찬한 회사였습니다. 당시 잡스는 애플의 지분까지도 제공하고 그 회사를 인수하고 싶다고 할 정도였습니다. 그럼에도 탁월한 성과를 내지 못하고 미약한 존재로 명맥만 유지하다가 2017년 중국의 경쟁 기업인 나인봇에

인수되고 말았습니다. 세그웨이가 저지른 가장 큰 실수는 무엇이었을까요?

Q9 아날로그 필름과 사진기의 원조인 코닥은 디지털 시대의 파도를 넘지 못하고 몰락하고 말았습니다. 코닥은 사진기뿐만 아니라 재료 공급과 현상서비스까지 견고하고도 독점적인 수직 계열 플랫폼을 가지고 있었지만 좌초되고 말았습니다. 코닥이 세계에서 처음으로 디지털 카메라 기술을 개발한 기업임에도 불구하고 말입니다. 코닥이 이처럼 추락하게 된 가장 중요한 원인을 한 가지만 든다면 무엇인가요?

Q10 2007년 애플이 아이팟을 내놓자 개인 오디오 기기의 황제였던 소니 워크맨 시대가 종지부를 찍었습니다. 모두가 이제 소니 시대는 끝났다고 말했지만, 10년이 지난 2017년, 소니는 완전히 부활했다고 선언했습니다. 죽어가던 소니를 살린 것은 어떤 전략이었나요?

Q11 2020년에 218살이 된 듀폰은 더 이상 화학 기업이 아니라 종합 과학기업이 되었습니다. 고분자 합성 물질인 나일론은 1935년 하버드 대학의 화학 교수였던 홈 캐러더스가 발명하였습니다. 나일론이 최고 명성을 얻게 된 것은 아이러니 하게도 제2차 세계대전에서 낙하산이나 방탄복의 소재로 대체되면서 군용 물품 전반으로 그 수요가 확장된 것이 계기가 되었습니다. 그런데 듀폰은 나일론을 개발하자마자 그 제품을 대체할 수 있는 신제품 개발에 착수합니다. 듀폰이 신제품 출시와

동시에 그 제품의 버리기 전략을 시작한 이유는 무엇일까요?

Q12 올바른 인간관계란 단 하나의 타당한 정의만 있습니다. 그것이 아니라면 따뜻한 감정이나 유쾌한 농담은 아무런 의미도 갖지 못하고 서로를 기만하는 가면극이 되고 마는 법입니다. 이것은 개인과 조직 내 구성원 관계에서도 같은 원리가 적용되어야 합니다. 올바른 인간관계란 어떤 것일까요?

Q13 아무리 맛있는 음식도 오래 먹으면 싫증나고, 아무리 멋진 풍경이라도 오래 보면 식상하기는 마찬가지입니다. 아름답고 매력적인 연인을 두고도 이리저리 다른 사람들을 기웃거리는 남녀도 그 이유는 비슷하지 않을까요? 인간은 익숙해진 것에 대해서는 그 가치를 깨닫지 못합니다. 무엇때문에 인간이 이렇게 변하는 걸까요?

Q14 익숙한 것과 결별하는 것으로 도약을 위한 움추림을 무엇이라고 하나요?

Q15 언제나 부족한 것으로, 지식노동자가 진정 공헌할 수 있는 중요한 일에 투입할 수 있는 시간량을 무엇이라고 부를까요?

Q16 법적으로는 아무런 문제가 아니지만 더 나은 사회를 만들기 위해서 하지 않는 것이 좋은 행동들, 예를 들어 채권회수가 일이기에 채

권자를 대신해서 채무자를 지나치게 압박하는 일을 주업으로 하는 채권회수 사업자들이 그런 것입니다. 채권회수가 일이고 회수율이 성과로 평가받아야 하는 사람이라면 채무자 처지란 고려하지도 않고 몰아세우기 마련입니다. 그것이 목표로 정해졌기 때문이지요. 그러나 그런 지나친 압박으로 그 채무자가 자살이라도 했다고 한다면 어찌될까요. 이런 일은 처지를 바꾸어 생각해보아야 합니다. 이처럼 불법은 아니나 그 결과가 다른 사람들에게는 상처나 고통으로 남게 되는 행위를 무엇이라 할까요?

Q17　인간관계를 생산적으로 하려면 각자의 감정과 욕구를 감추기보다는 솔직하게 공유하는 것이 필요합니다. 그것은 일반적인 태도로는 하기 어려운 것이고 용기가 필요합니다. 특히 가까운 사이일수록 서로에 대한 감정 책임이 강하게 작용하여, 하고 싶은 말과 해야 할 말을 못하는 경우가 흔합니다. 그러니 회사에서 상사와의 관계에서는 그런 일이 더 많이 벌어질 수 밖에 없고, 이런 행동과 문화는 조직의 생산성을 크게 떨어트리는 일입니다. 이렇게 각자의 감정과 욕구를 솔직하게 공유하여 진정한 파트너 관계를 만들 수 있는 의사소통방법을 무엇이라고 부를까요?

Q18　21세기는 이미 토지, 노동, 자본이라는 전통적인 생산의 3요소가 지식 한 가지로 대체된 지식노동자의 시대입니다. 지식노동자는 자본이나 육체가 아니라 자기가 가진 지식으로 성과를 내는 사람입니다.

그렇다고 이른바 화이트 컬러가 모두 지식노동자라고 할 수는 없습니다. 지식노동자는 언제나 조직을 떠날 수 있는 사람이어야 합니다. 직장인 가운데 부당하다고 쉽사리 사표를 내고 떠날 수 있는 사람은 많지 않습니다. 그들은 진정한 의미의 지식노동자가 아닙니다. 조직이 부당하거나 자신의 사명과 맞지 않기에 언제나 떠날 수 있는 지식노동자가 가지고 있는 것을 무엇이라고 할까요?

Q19 회사 안에 경영자의 가족들이 자리잡고 있는 것은 바람직하지 않습니다. 만약 경영자 외 두 명의 가족이 일하고 있다면 사장이 세 명인 셈입니다. 이런 환경에서는 나머지 구성원들이 정치적 이해관계에 신경을 쓸 수밖에 없고, 경영자와 가족들이 아무리 선의를 가지고 일한다 하더라도 가족이라는 인식에서 벗어날 수는 없는 법입니다. 경영자가 이런 혈연관계자들을 불가피하게 회사의 구성원으로 두고 싶다 할지라도 한 가지 원칙에서 벗어나서는 안됩니다. 그것은 무엇일까요?

Q20 필요는 발명의 어머니라는 말이 있습니다. 그러나 필요하다고 해서 과학과 기술이 발전하는 것만은 아닙니다. 드러커는 "필요는 발명의 어머니가 아니라, 산파"라고 비유했는데, 그것은 필요하다는 것만으로는 기술 촉진이 일어나 발명이 제품 또는 혁신으로 전환되기 힘들다는 것을 의미합니다. 그렇다면 필요 이외에 과학과 기술의 발전이 제품과 서비스로 전환되는 강력한 동기를 불어넣는 다른 요소는 무엇일까요?

Q21 인간생활의 90% 이상은 소통과정이라고 말할 수 있습니다. 조직에서 사람들이 대게 알고 있는 소통이란, 나이가 많거나 직위가 높은 사람이 마음을 열고 대화하면, 상대도 응대하여 충분히 서로의 생각을 공유하는 것을 말하며, 또 할 수 있다고 믿고 있습니다. 그러나 그런 하향식 소통 방식은 더 이상 통하지 않습니다. 상향식 소통 방식이 필요합니다. 의사소통은 행동으로 이어질 때 비로소 소통이 이루어진 것이고, 소통의 결정권자는 언제나 듣는 사람이 채널을 맞출 때 일어납니다. 소통에서 기대해야 하는 핵심은 무엇이어야 할까요?

Q22 기업에서 비용은 두 가지입니다. 비용은 엔트로피와 같은 특성을 가지고 있어 저절로 줄어드는 법은 없습니다. 그 두 가지는 소비적 비용과 생산적 비용입니다. 기업 내부는 모두 비용센터이므로 소비적 비용에 대해서라면 낭비를 관리해야 하지만, 관리를 위한 관리인력이나 관리비용을 발생시키는 것은 어리석은 일입니다. 인간은 관리하기 어렵습니다. 그럼에도 신청과 승인에 결제 단계와 권한을 주어 일일이 관리하려는 것은 마치 석유를 아끼자고 대형버스에 확성기를 달고 홍보한다면서 전국을 순회운행하는 것과 같습니다. 그렇다면 조직에서 구성원들이 스스로 지출을 관리할 수 있도록 하는 기준이 되는 질문 한 가지는 무엇이어야 할까요?

Q23 기업에서 간접 부문은 직접 부문의 생산성을 높이기 위한 팀이지, 직접 부문을 관리하는 곳이 되어서는 안됩니다. 또한 이제 지식노

동자는 관리 대상도 아니며 관리할 수도 없습니다. 그런데도 간접 부문이 더 강력한 권한을 가지고 경영을 좌우하는 경우도 많습니다. 특히 대기업이나 대기업을 흉내 내는 중견기업 또는 중소기업 조차도 비서실이라는 것을 두고, 옥상옥 구조를 만들곤 합니다. 훌륭한 기업일수록 간접 부문의 기능을 제한하고, 그 기능을 분명히 해야 합니다. 더욱이 간접 부문의 생산성은 측정하기도 쉽지 않기에 그들은 자신의 가치를 드러내고 합리화하기 위해서 비생산적인 일을 만들고, 소설 같은 보고서를 내밉니다. 그렇다면 간접 부문의 생산성을 높이기 위해 경영자가 해야 할 일은 무엇인가요?

Q24　수익이 계속 떨어지는 데다 불황까지 겹치면, 경영자는 비용절감 명령을 내릴 수밖에 없을 것입니다. 이때 가장 먼저 선택하는 방법이 '구조조정'이라는 명목으로 인원을 줄이는 것입니다. 그렇게 하면 비용이 바로 줄어든다고 믿고 있는 것이지요. 그건 사실이기도 하지만, 그런 비용절감은 일시적인 조치에 그칠 수밖에 없습니다. 그것은 '구조조정'이라기 보다 해고라고 말하는 것이 정직한 표현입니다. 기업이 위기를 넘어 지속 성장하기 위해 정말 필요한 것은 "비용예방"이어야 합니다. 만약, 비용절감을 목적으로 하는 것이 구조조정이라면, 구조조정의 근본적인 조치는 무엇이어야 할까요?

Q25　의사결정에서 반드시 피해야 할 것은 무엇인가요?

Q26   한 부서에서 성공적으로 자기 직무를 수행해 왔던 사람이 새로운 일을 맡았을 때, 연속해서 실패하는 경우가 있습니다. 조직 내에서 성공적으로 업무를 수행했던 가장 유능한 인재를 골라 일을 맡겼어도, 실패에 예외가 없었다고 할 경우에, 당신이 경영자라면 무엇을 어떻게 해야 할까요?

Q27   이것은 절망에 빠진 구성원들을 관리할 때는 대단한 효과를 발휘합니다. 그러나 그 한계를 넘어서면 구성원들의 기대가 커지기 때문에 장기적으로 어떤 기업이나 조직도 살아남을 수 없습니다. 그래서 이것의 기준은 상한선이 아니라 하한선이어야 합니다. 이것이 성공적으로 운영되고 그 필요성이 높아질수록 기업은 자기 파산을 준비해야 합니다. 이것은 무엇일까요?

Q28   '지식노동자'는 1959년 발간된 피터 드러커의 '내일의 이정표'라는 책을 통해서 처음 소개된 말입니다. 지식노동자는 무엇보다 지식을 도구로 가치를 만들어 내는 사람이고, 그 지식이란 머리 속에 담고 있는 것이라, 언제라도 조직을 버리고 떠날 수 있습니다. 그런 지식노동자에게 가장 중요한 일은 무엇인가요?

Q29   선박수리 전문 중소기업이 있습니다. 구성원 수는 100명 남짓이고 매출액은 500억, 영업이익률은 30%를 넘습니다. 매년 지속적으로 10% 이상의 성장세를 유지해왔으니 우량기업이라고 할 수 있습

니다.

이 기업의 경영자는 구성원들과 더불어 풍요롭고 행복한 일터와 사회를 만드는데 공헌하겠다는 목표를 세우고 불철주야 노력했습니다. 현장기술자들이 수리라는 본업이 아닌 자재구매, 승인, 청구, 지불, 조달 등에 투입하는 부수적 서류 작성 업무가 과다하여 업무시간을 초과하는 날이 빈번하다고 하자, 이 젊은 경영자는 나이든 임원들의 반대에도 불구하고, 여러 여직원들을 채용하여 기술자들의 비핵심 업무를 맡도록 했습니다.

그런데 해가 바뀌고 어느 날, 여직원 한사람이 업무가 감당하기 어려울 만큼 많다고 그만두더니, 이어서 두세 사람이 연거푸 사직서를 내는 상황이 벌어졌습니다. 이 회사 경영자는 이제 어떤 의사결정을 내려야 할까요?

Q30 결과는 조직 생존의 열쇠입니다. 피와 땀을 흘리면서 열심히 했지만 결과를 만들어내지 못했다면 그런 노력들은 모두 헛수고라고 할수는 없어도, 지속할 수 있는 에너지나 동기가 약화되는 것은 사실입니다. 그렇기에 조직에서는 때로는 그릇된 방법으로 긍정적인 결과를 만들어 내기도 하고, 그렇게 할 수도 있습니다. 그러나 "사명의 렌즈"를 벗어난 방법으로 창출한 결과라면 조직을 위태롭게 만들 뿐만 아니라, 구성원들이나 경영자가 감옥 초대권을 받게 될 수 있습니다. 설령 그런 일이 일어나지 않는다 해도, 시한폭탄을 품고 조직을 운영하는 셈이며, 그런 그릇된 행동은 재발할 가능성도 높습니다. 그런데 긍정적인 결과

를 만들어 내면서도 그런 잘못을 저지르지 않게 하는 필터가 있습니다. 비타민이 인간에게 필수 영양소인 것처럼, 이것은 조직에서도 비타민과 같은 기능을 발휘하여, 조직을 건강하고 튼튼하게 유지시켜 주는 것입니다. 이것은 무엇일까요?

SA 02

버린다는 것은
무엇인가

1
왜 버려야 하는가_Why

스스로 버리지 않으면 버려지게 됩니다. 그러나 이 작업을 외부에 맡기지 않고 스스로 선택하는 것은 생명체의 지혜이며 자연 법칙의 아이러니입니다. '자신의 운명을 타인의 처분에 맡기지 않겠다'고 결심한 사람과 조직이라면 버림받지 않습니다. 먼저 버리기 때문입니다.

죽은 것은 차고 단단합니다. 그것은 순환기능과 버리는 기능이 멈추어 버린 탓입니다. 외부로부터 받는 에너지 흡수기능도 정지되어 버립니다. 지구상에 살아 있는 모든 유기체는 살기 위해 버립니다. 기업도 인간과 다를 바 없는 생명체이기 때문에 버리지 못하는 기업은 기업우울증에 걸리게 됩니다. 우울증은 자살까지 유발시킬 수 있는 위험상태를 만들게 되고 이 지경에 이르게 되면 그 결과는 두 가지입니다. 바로 자멸하거나, 버림받게 되거나.

19세기 후반에서 20세기 중반까지 살았던 죠지프 슘페터(1883~1950)는 드러커 아버지의 친구로, 드러커의 경영이론에 큰 영향을 준 인물입니다. 슘페터가 '창조적 파괴'라고 말한 것이 버리는 경영의 원조라고 할 수 있습니다.

그 뒤 20세기 사람으로 2005년까지 활동했던 드러커(1909~2005)가 이 개념을 발전시켜 '혁신'으로 표현했는데, 그가 말하는 혁신은 "기존 자원에 능력을 부여하여 새로운 부를 창조하도록 하는 것"을 말한다. 창조적 파괴가 "현재 성과를 내고 있으나, 이미 낡은 것으로 필요한 생산성을 발휘하지 못하는 것"을 대상으로 한다면, 혁신은 "넓게는 개선이나 발전을 포함할 수도 있으나, 한 개의 성공으로 다른 여러 개의 실패 시도를 보상할 수 있을 정도의 놀라운 성과를 내는 것"을 말합니다. 또한, 혁신의 전 단계는 혁신할 수 있는 자원을 확보하기 위한 버리기가 필수조건이라고 말합니다.

21세기에는 클레이튼 크리스텐슨(1952~2020)이 '파괴적 혁신'이라는 말로 그 강도를 높였습니다. 파괴적 혁신은 과도한 성능과 포장 위주의 제품에서 반드시 필요한 기능, 성능, 디자인에 초점을 맞추어 경쟁자들이 따라오기 힘든 가격파괴를 무기로 시장에 진입하여 시장 주도권의 패러다임을 바꿀만큼 순식간에 점유율을 획득하는 경우라고 할 수 있습니다. 흔히 가성비라는 말로 표현하기도 하지만, 기술발전이 파괴적 혁신의 가속페달 역할을 합니다.

하지만 무엇이라고 말하든 그 맥락은 동일하게 버리는 것에서 비롯됩니다. 버리는 자만이 살아남아 승리를 거머쥔다는 특성을 부여하여

SA 02 버린다는 것은 무엇인가

달리 표현했을 따름이지요.

시간은 모든 것을 낡게 만듭니다. 버려야 하는 첫번째 이유가 여기에 있습니다. 생명의 특징은 새 것만이 살아남고 헌 것은 모두 소멸한다는 것입니다. 헌 것이 소멸될 때 새 것이 부활할 수 있습니다. 버리는 것은 혁신의 준비단계이면서 그 일부입니다. 조직의 기능과 목적은 지속생존이며 그것은 혁신을 통해 장기적으로 지속가능해야 합니다. 혁신의 씨앗은 버리는 것입니다.

또한 버리는 것은 언제나 부족한 자원을 가진 기업이 문제가 아닌 기회에 집중하겠다는 전략적 의사결정입니다. 조직의 기능과 목적은 우선 생존입니다. 버리는 것은 언제나 적자인 시간의 평균대 위에서 문제가 아닌 기회에 집중하겠다는 전략적 의사결정입니다.

버리는 이유는 변하는 환경 속에서 지속생존하고 더 성장하기 위한 것입니다. 인간과 조직은 살아가는 한 쓰레기를 만들어 냅니다. 그 쓰레기는 눈에 보이는 물리적인 것들과 보이지 않지만 느낄 수 있는 정신적인 것 모두 해당합니다. 무엇을 버릴지 선택하는 것은 개인과 기업이지만 그 결정권은 자기 몸과 고객에게 있고, 대부분 이성이 아니라 감성을 따릅니다. 그렇기에 마땅히 버려야 하거나, 이미 버렸어도 여전히 버릴 것이 남아 있지만 미련을 버리고 못하고 있는 것은 없는지 생각해야 합니다. 미련은 버리지 못하는 조직의 최대 적입니다. 미련은 기대때문에 생기는 것인데, 기대는 자신이 주체가 아니라 외부와 타인이 주체라고 믿는 것과 다를 바 없습니다. 자신이 통제할 수 없는 것이지요. 버리는 것에 구차한 변명이나 설명이 필요없이 바로 버리는 것이 슬기로운 결정입니다.

버리는 대상은 크게 나누어 인식, 기능(일), 문화로 분류할 수 있습니다. 인간은 일을 통해 자신의 가치와 사회적 존재의미를 발견합니다. 그러므로 현대인에게는 일이 필요합니다. 그 일이란 사회속에서 기능을 발휘하는 것입니다. 일은 성과를 낼 수 있을 때 재미, 감동, 유익을 확보하고 지속할 수 있는 것입니다. 성과를 내지 못하는 조직의 사무실 분위기는 침울하고 차갑습니다. 성과는 자원의 투입과 산출관계로 이루어지는 생산성이 결정합니다.

무엇이 해야 하는 일이고, 무엇이 하지 말아야 하는 일인 지를 구분하지 못하면 생산성은 향상될 수 없습니다. 그리고 지식노동자들은 인식하지 못하는 것은 받아들이지 못하기에 행동으로 연결되기 어렵습니다. "아, 이것은 당연히 내가 해야 할 일이다. 그것도 잘해서 조직이 목표로 하는 결과를 내야 한다"는 책임감과 인식이 있을 때 몰입할 수 있습니다. 조직내 구성원들 수가 충분해도 업무처리에 허점이 생기는 것은 자기 일이라는 인식이 부족하기 때문입니다.

이것과 더불어 조직이라는 것은 구성원들이 가진 각자의 강점기능을 발휘하고 협력하여 성과를 냅니다. 버릴 대상을 인식, 기능(일), 문화 3

가지로 나눈 것은 바로 이 요소들이 성과창출과 직결되기 때문입니다. 성과를 내지 못하는 개인이나 조직이 행복할 방법은 없습니다. 재미, 감동, 유익이 어울려 만들어 내는 것은 구성원들의 행동 습관이자 경영의 실제라고 말할 수 있는 것으로, 바로 조직정신이며 조직문화로 나타나게 됩니다.

이제 버리는 것은 조직의 생존 전략이 되었습니다. 이를 통해 관행이라고 낭비되었던 것들, 지금도 낭비되고 있고, 미래에도 생산성이라고는 없이 낭비가 지속될 것과 단절하고, 자원을 확보하여 혁신에 투입하려는 것입니다. 혁신은 자원요구 수준과 위험수준이 높은 도전이므로 처음부터 적정 수준의 자원을 확보하지 않으면 지속하기 어렵습니다. 또한, 혁신에 실패하였을 때 기업이 받을 충격을 흡수하기 위해 초기부터 플랜비(plan B)를 가지고 시작하는 것이 성공확률을 높이는 것이며 혁신 실행자들의 용기를 배가시키는 방법입니다. 배수진을 친다는 것은 다른 대안도 가질 수 없는 상태일 때이며 그런 상황에서는 혁신에 참여한 사람들이 실패에 따르는 두려움 때문에 마음 놓고 도전하기 어렵습니다. 창의력이란 목표, 자원, 환경의 제한문제가 아니라 집중이 관건이며, 긴장상태가 아니라 이완상태에서 활발하게 일어납니다. 12미터 공중에서 그네타기를 하는 써커스 단원은 아래 그물이 있기에 긴장하지 않고 기량을 모두 발휘할 수 있는 것입니다. 깨질 수도 있는 살얼음 호수 얼음판에서 멋지게 공연할 수 있는 피겨 스케이트 선수는 없습니다. 기업내 혁신이나 창업도 마찬가지입니다. 돌아올 수 없는 강을 건너고 죽을 수도 있는 일에 목숨을 거는 사람은 흔치 않습니다.

버리는 것 역시 도전입니다. 버리는 것에도 실수가 생길 수 있습니다. 그러나 실수나 실패는 학습이며, 실패란 다음 도전에서 성공확률을 높이는 새로운 데이터를 확보한 것이라는 긍정적인 마음이 있어야 합니다. 이것이 되려면 혁신도전의 실패가 해고와 아무런 관련이 없다는 고용보장을 최고 경영진이 직접 약속해야 합니다. 플랜비가 없는 혁신도전은 오히려 위험합니다.

여기 정리하여 제시한 버리는 대상은 기업들의 평균 또는 공약수가 아닙니다. 이것은 기업 현장에서 실제로 적용된 것들 그리고 착한 기업들에서 이미 실행하고 있는 것이며 모두가 가야할 방향이라고 응원받는 것들입니다. 만약, 공감하지 못하거나 동의하지 않는다면 자신이 과거 사고에 빠져있는 경영자가 아닌지 돌아볼 필요가 있습니다.

2
무엇을 버려야 하는가_What

무엇을 버릴지 선택하는 것은 개인이나 기업이지만, 그 결정권은 자신과 고객에게 있습니다. 그 출발점은 개인으로는 '나의 사명이 무엇인가' 이며 조직에서는 '우리의 사명은 무엇인가' 다시 질문하는 것입니다. 두 번째는 '나의 목표는, 우리의 목표는 무엇인가' 재확인하고 그에 맞추어 '나의 전략은, 우리의 전략은 무엇이어야 하는가'로 판단합니다. 마지막 단계로는 미적거리지 않는 '과감한 행동'입니다. 버리는 의사결정의 최대 걸림돌은 미련과 두려움에 굴복당하여 버리는 것을 미루거나 포기하는 것입니다. 익숙한 것과의 결별없이 생존할 수 없다는 것을 알지만, 단호한 결단을 내리고 집행하는 것은 고통스러운 일입니다.

살아 있다는 것은 어떤 형태로든 변하기 마련입니다. 변하기에 살아남을 수 있는 것입니다. 변화는 환경에 적응하는 과정입니다. 미래를 향한 전진을 방해하는 과거 유산은 버려야 할 대상일 뿐입니다. 과거의 유령은 너무 질겨서 혁신 말고는 제거할 수 있는 대안이 없습니다. 과거의 유령에게 기대를 주게 되면 현재의 등에 물이 흠뻑 젖은 솜을 얹게 되는 꼴이 됩니다. 현재는 멈출 수 없고 앞으로 나가야 합니다.

고객들은 오래되어야 값이 올라가는 것을 빼고는 언제나 신선한 것, 새로운 것을 원합니다. 조직이 지속 생존할 수 있는 열쇠는 고객만족에 있고 그것이 기업이 존재하는 이유입니다.

20세기 초만해도 집에 유선전화가 있는 사람은 대단한 부자였습니다. 2020년인 지금, 그것은 더이상 부의 척도가 아닙니다. 유선전화를 본 적도 없는 지금의 10대들은 그저 재미있는 물건일 뿐이지요. 무선전화 소유자는 이미 유선 전화 소유자의 숫자를 넘어섰습니다. 20세기에는 한 가정에 유선전화가 한 대였다면 21세기인 지금은 개인 단위로 스마트폰을 가지고 있습니다. 그럼에도 불구하고 여전히 고객에게 아날로그 유령의 주소를 물어보는 과거형 기업들이 있다는 것은 놀라운 일입니다. 최초의 스마트폰이 등장한 것은 1993년입니다. 불과 25년 전만해도 80세 노인이 스마트폰을 친구처럼 여기고 사는 모습을 보는 시대를 상상조차 못했을 것입니다.

21세기는 자본주의의 시대입니다. 자본주의에서 경쟁은 주어진 운명입니다. 자본주의의 핵심은 재산권이며 재산권은 법으로 보장되어 있습니다. 다시 말해서 재산권이란 인간의 욕망을 법으로 보장한 것입니다. 인간은 물질로 구성되어 있기에 물질이 부족하면 죽게 됩니다. 그 물질을 많이 가질수록 생존 경쟁에서 유리할 것이고, 물질을 주고받는 것이 비즈니스입니다. 고객은 언제나 더 나은 것을 바라는 법이고, 경쟁에서 패한 것은 시장에서 퇴출될 수밖에 없습니다. 고객으로부터 외면당했음에도 그 제품이나 사업의 현실을 인정하지 않고 시체에 방부제를 쏟아 붓는 기업들이 있는데, 이것은 기회에 투입해야 할 자원을 문제에 낭비하는 셈입니다. 고객은 그런 것에 전혀 관심이 없습니다. 문제는 해결한다 해도 해결 그 이상의 성과를 주기 어렵습니다.

라디오와 LP(Long Play)판이 음악을 대중화시킨 공은 엄청나지요. 라디오는 1906년 12월 24일, 메사추세츠주 브렌트 락이라는 곳에서 몇 킬로미터 떨어진 대서양을 항해하던 선박을 상대로 음성과 음악을 전송한 사건으로부터 시작됩니다. 최초의 라디오 방송은 1877년 에디슨이 축음기를 발명하고 나서 무려 70년이나 지난 뒤인 1948년에야 이루어졌습니다.

그러나 이 과거의 유물은 결국 CD에게 최고 자리를 넘겨주었고, CD마저도 완전히 사라진 것은 아니지만 MP3라는 전자파일 포맷에 왕좌를 이양하게 됩니다. 디지털 기술이 모든 것을 삼켜버렸습니다. 2017년 미국 URP라는 LP판 제조사는 뜻밖에 폭증하는 LP음반 수요에 제2공장까지 건설하였습니다. 이 수요는 과거 산물인 LP 음반을 경험하지 못한 신세대들에게 새로운 아날로그 제품이 된 것이지요. 그렇더라도 디지털 쓰나미의 구조적 변화를 꺾을 수는 없습니다. 세월과 더불어 향수(鄕愁)는 향수(香水)처럼 오래가지 못하는 법입니다.

　생산성이 없는 것은 당연히 버립니다. 진정한 도전은 지금까지 가지고 있던 것과 하던 것을 의도적으로 버리고 다시 만드는 것입니다. 이것은 혁신으로 가려면 피할 수 없는 전초전이며 지속생존 경영활동입니다. 살아있는 조직, 더 잘 살기 바라는 모든 조직에게 혁신이야말로 진정한 과업입니다. 그 일은 고객창조가 사명이며, 고객은 조직이 만족시켜야 할 대상입니다. 공급이 절대 부족인 시대의 고객에게는 선택권이란 없었습니다. 그러나 오늘날의 고객은 자유로운 영혼입니다. 수요는 부족하고 공급은 넘치는 시대가 되었습니다.

　고객의 욕구와 욕망은 수시로 변하므로 기업은 언제나 그런 마음 변화를 기회로 받아들일 수 있어야 합니다. 그 마음의 실체는 고객이 인식하는 기대와 가치입니다. 그런 고객의 마음을 사로잡을 수 있는 길은 기존 자원에 새로운 부를 창조하도록 능력을 부여하는 것입니다. 기존 자원을 혁신 기회에 투입하기 위해서는 생산성이 낮은 것도 모두 버려야 합니다. 그렇게 하지 않고는 기회에 투입할 자원을 확보할 수 없습니다. 마케팅은 고객 만족에 초점을 맞춘 것이고, 혁신은 처음부터 고객 감동을 목표로 하는 것입니다. 혁신을 통해 고객감동을 일으킬 수 있는 제품과 서비스를 탄생시켜야 하는 것이 기업의 임무입니다.

21세기 현대인의 인생은 세 번의 변곡점을 만나게 됩니다. 드러커는 약 20년 전에 21세기 인간은 75세까지 일해야 할 것이라고 말했습니다. 은퇴하게 되는 중년은 제2인생의 시작점입니다. 인간은 시간, 자원, 육체가 모두 유한하기에 중년이 되면 포기해야 할 것들이 더 많아집니다. 어릴 때의 꿈을 어른이 되어서도 가지고 있는 사람은 매우 드물지요. 꿈은 멀어지고 현실은 발 밑에 있기 때문입니다.

무엇을 버려야 하는지는 버리는 작업에서 가장 어렵기에 용기를 발휘해야 합니다. 심사숙고 끝에 버리기로 결정하고는, 최고경영자가 다음날 다시 회의를 소집하여 "우리가 올바른 결정을 했는지 다시 한번 버리는 목록을 열어서 검토해봅시다"라고 하는 것은 절대 해서는 안되는 일입니다. 그래도 불안하다면 단 한 가지 방법이 있습니다. 그것은 버리기로 한 것을 가상이든 물리적이든 외부 어느 곳에 6개월이나 1년이라는 기한을 두고 보관해두는 것입니다. 만약, 6개월이나 1년이 지나도 찾는 일이 없다면 자동으로 버려지도록 시스템을 만들면 됩니다.

3
언제 버려야 하는가_When

DELETE

    버리는 것은 연례행사로 할 일이 아닙니다. 이것은 수시로 일어나야 하며 경영 활동의 일부로 습관이 되어야 합니다. 습관이 경영이기 때문입니다. 음식을 잔뜩 먹은 사람이 날짜와 시간을 정해 놓고 배설하는 경우는 없습니다. 곰팡이는 페니실린 제조에 절실하고 음식의 발효에만 필요한 것입니다. 조직에서는 부패가 시작되기 전에 버려야 합니다. 부패가 시작된 사업은 신선한 사업에 투입해야 할 자원까지 잡아먹게 됩니다.

    조직의 부패 징후는 세 가지로 알 수 있습니다. 첫째, 조직 내 A급 인재가 새로운 사람으로 B급이나 C급 인재를 뽑고 있는 상태입니다. 이것은 A급 인재가 더 이상 지원하지 않기 때문입니다. 둘째, 회사가 정기적으로 개최하는 세미나 또는 신제품 발표회에 참석하는 기존 고객이나 신규 고객수가 점점 줄어드는 경향을 보이는 경우입니다. 더 이상의 혁신이 일어나지 않고 있기에 매력적인 제품이 없다는 반증입니다. 셋째, 직원들이 만나고 있는 고객이 10년 전, 5년 전에도 그 고객사에서 만났던 사람들인 경우입니다. 과학과 기술 발전 속도가 빠른 21세기에 과거 사람들이 여전히 그 자리에서 기능을 발휘하고 있다는 것은 고객사에서도 혁신이 일어나지 않고 있다는 것이고, 회사가 제공하는 제품도 혁신성이 없다는 말입니다. 만약 고객사에서 혁신이 일어나고 있다면 기존 사람들은 새로운 프로젝트에 배정되어야 하고, 만나는 고객사 직원들은 새 얼굴이어야 합니다. 적어도 분기마다 무엇을 버려야 할지는 각 팀 단위에서 제안하는 것과 경영진에서 제안하는 것을 통합하여 결정합니다. 가장 좋은 방법은 버리기가 조직의 당연한 일로 인식되어 조직 문화로 자리 잡도록 하는 것입니다. 문화로 정착시키기 위해서는 매일 경영자가 구성원들에게 오늘의 성과는 무엇인가를 물으면서, 오늘 무엇을 버렸는지도 물어야 합니다. 이렇게 할 때 버리기는 조직문화에 습관으로 뿌리내릴 수 있습니다.

버리기는 타이밍입니다. 그때 버렸더라면 좋았을 거라고 생각하면서, 오늘도 버리지 못하는 사람이 많습니다. 빠르게 결단하고 실행해야 합니다. 미룰수록 버리기란 어렵기에 급기야는 헤어나지 못하고 늪지대에 빠지고 말게 됩니다. 버리기는 말이 아니라 행동입니다. 자신이 어떤 사람인지, 우리 조직이 어떤 곳인지 보여주는 것은 매우 어렵습니다. 그러므로 지키지도 않는 말이 아니라 그것을 행동으로 보여줄 수 있을 때 그 조직은 고객으로부터 신용을 차곡차곡 쌓아가는 셈입니다.

4
어떻게 버려야 하는가_How

DELETE

버릴 대상을 확인한 다음 단계는 체계적이며 효과적으로 버리는 것입니다. 이것은 통합, 대체, 제거, 소멸로 실행할 수 있습니다. 무엇을 버려야 하는지는 선별 단계에서 마쳤기에 여기서는 운동으로 체중을 줄여야 하는 것인지, 다이어트로 체중을 줄여야 하는 것인지, 불가피하게 잘라내야 하는 것인지의 방법을 선택하는 것입니다.

제거하기 위해서는 우선 산소 공급을 차단해야 하는데, 조직에서 산소는 예산입니다. 버리겠다고, 버려야한다고 결정된 사업이나 과업에 대해 예산을 배정하지 않고, 정리에 필요한 소수 인원만 남깁니다. 소수 인원의 예산은 사라지는 사업부 예산이 아니라 특별회계로 배당합니다. 소수 인원이라도 반드시 완료 목표 기한을 정해 놓고 임무를 주어야 합니다.

조직 내에서 하지 않아도 되는 일, 오히려 내부보다 외부에서 더 잘

할 수 있는 일은 아웃소싱해야 합니다. 다만 여기서 명심해야 할 일은 아웃소싱 기업은 파트너이지 통제할 수 있는 대상이 아니라는 점입니다. 그리고 매각할 수 있는 사업이라면 스핀 아웃까지 고려해야 할 것입니다. 이 모든 작업은 혁신에 초점을 맞출 때 제대로 성과를 낼 수 있습니다.

SA 03

이제 무엇을
버릴 것인가

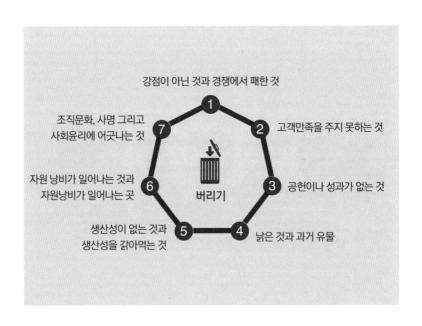

강점이 아닌 것과 경쟁에서 패한 것

조직문화, 사명 그리고
사회윤리에 어긋나는 것

고객만족을 주지 못하는 것

자원 낭비가 일어나는 것과
자원낭비가 일어나는 곳

공헌이나 성과가 없는 것

버리기

생산성이 없는 것과
생산성을 갉아먹는 것

낡은 것과 과거 유물

1
강점이 아닌 것과 경쟁에서 패한 것

1 강점을 벗어난 사업다각화

지속생존과 성장을 위해서는 처음 시작한 사업이 고객의 필요에 따라 변하면서 발전해야 합니다. 경영자는 사업을 확대하여 규모가 커지기를 바라기에 늘 다른 기회를 탐색하게 되지만, 다각화의 기회가 생겨 의사결정을 해야 할 경우 기업의 강점이 아닌 분야는 피해야 합니다. 이미 그런 일이 벌어졌다고 하더라도 이유를 찾기 보다는 "우리가 지금 다시 결정할 수 있다면 그래도 이 사업을 할 것인가" 자문해보기 바랍니다. 강점이 아닌 사업 다각화는 자원과 시간도 많이들 뿐더러, 노력해도 잘 되지 않습니다. 그보다는 기존 사업의 연장선에서 혁신 과업을 수행해야 합니다.

2 시장에서 리더십을 잃어버린 것

야심차게 출시한 제품이나 서비스라 할지라도 고객으로부터 외면 받은 것은 실패한 것입니다. 최고 경영자가 아무리 애착을 가진다고 해도 버리는 것이 올바른 경영입니다. 이미 죽은 자를 방부제로 채워 보존하려는 노력처럼 자원을 낭비하는 일도 없습니다.

휴대폰은 1983년 모토로라가 다이나택이라는 브랜드로 세상에 처음 내놓았습니다. 이후 애플이 2007년 스마트폰이라는 개념을 들고 나와 삽시간에 공룡들을 넘어뜨리고 시장을 장악했습니다. 캐나다의 림은 한 때 블랙베리라는 쿼드자판 모바일폰으로 북미시장을 비롯하여 시장의 선두그룹에 있었습니다. 그러나 애플이 등장하고 나서도 일부 고객들이 터치 대신에 쿼드자판을 원한다는 오판으로 결국 몰락하게 됩니다. 여전히 스마트폰 시장에 남아있기는 하지만, 이제 블랙베리는 사람들의 기억 속에서조차 사라지고 있습니다.

생명이 얼마 남지 않은 중환자에게 기적을 바라는 것은 근거가 있을 때입니다. 90이 넘은 노인을 산소호흡기로 생명을 유지시키는 것이 그 노인을 위한 것인지, 병원 수입을 위한 것인지 따져볼 이유가 충분합니다. 그런 중환자가 잠깐 숨이 돌아오는 것은 마지막 호흡일 가능성이 더 높을 것입니다. 스마트폰의 역사에서 선두지위를 놓치고 다시 시장 주도자 대열에 복귀한 사례는 없습니다. 모토로라, 노키아, 소니에릭슨의 경우가 모두 그 증거입니다. 한편 애플은 공급망 관리 능력에서 세계 최고라고 할 수 있습니다. 잡스의 승계자로 2020년 현재 사장인 팀쿡도 공급망관리가 전문 영역이었습니다. 개별 부품 단위 공급망을 관장하는 애플내 기술 책임자들의 수준은 세계 최고입니다.

3 실패한 사업

시장에서 리더십을 잃어버린 것과 유사하지만 그보다 분명한 것으로 모두가 실패라고 인식하는 것에 자원을 계속 투입할 수 없습니다. 본래 그 사업을 주도했던 사람들은 조금 더 하면 된다고 말하겠지만 시장이 오랫동안 기다려주지도 않을 뿐더러, 죽어가는 사업을 살리는 것은 새로운 사업을 일으키는 것만큼이나 힘겨운 일입니다. 결과를 인정하고 싶지 않아도 과감하게 버려야 합니다. 썩은 꼬리를 자르지 못하면 몸통까지 부패하게 됩니다.

4 약점개선 노력

약점은 개선 대상이 아닙니다. 강점 발휘에 방해가 되지 않도록 하는 것이며 무시해야 합니다. 약점에 관심을 두고 개선하려고 해도 좀처럼 개선되지 않는 것이 약점의 특성입니다. 그런 노력에 투입할 자원이라면 강점을 강화하는 것에 써야 합니다.

드러커는 악필이었습니다. 드러커의 이런 약점을 고쳐 보려고 아버지와 학교 선생님이 이런저런 애를 썼지만 결국 실패하게 됩니다. 어릴 때의 이 경험을 통해서 드러커는 약점이란 개선 대상이 되어서는 안된다는 아이디어를 얻게 되었습니다. 실제로 사람들이 자신의 약점을 생각해본다면 그런 약점을 노력해서 강점으로 만든 경우는 아주 드물다는 것을 알 수 있을 것입니다. 노력하면 분명히 어느 정도 개선할 수 있는 것은 확실합니다. 그렇지만 강점이 될 수는 없습니다.

5 일시적 유행을 따르는 것

경영자는 새로운 사업의 선택이나 전략적 의사결정에서 일시적 유행이 아니라 구조적 변화를 보아야 합니다. 한때 스마트폰을 들고 다니면서 목표물을 찾는 게임이 떠들썩 했지만, 지금은 누구도 하지 않습니다. 아마존의 베조스는 10년동안 변하지 않을 것을 대상으로 사업을 해야 한다는 말을 했는데, 수시로 변하는 것을 대상으로 투자할 수는 없는 것입니다. 특히 잠시 폭증하는 수요에 맞추어 설비를 확대하는 것은 고정비를 높여서 그 수요가 줄어들거나 사라지면 파산할 수도 있습니다. 구조적 변화는 혁신 대상이자 기회입니다. 코비드-19로 전염병은 유행이라기보다는 인류에게 의료와 생활환경의 구조적 변화로 자리 잡았습니다.

6 핵심기능이 아닌 것

자기 사업의 핵심 요소가 아닌 것은 굳이 내재화하려고 애쓸 필요 없습니다. 회사 외부에 그런 기능을 전문으로 서비스하는 회사보다 잘하기 어렵고, 핵심 기능이 아니기에 끈기 있는 투자도 어렵습니다. 그런 것은 외부 기업의 강점 기능을 활용하는 것이 바른 선택입니다. 자체 제품이나 기술만으로 세계의 다양한 고객을 상대할 수 없습니다. 외부의 어떤 아이디어라도 환영하는 자세와 열린 마음을 가져야 합니다. 온라인 쇼핑의 강자인 쿠팡은 자체 배송기능을 구축하기 위해 엄청난 돈을 쏟아 부었습니다. 다른 경쟁자들은 기존 운송 서비스회사와 손잡고 해결했지요. 누가 잘한 결정인지는 곧 밝혀질 것입니다.

2
고객만족을 주지 못하는 것

사업의 목적은 '고객창조'며, 기업의 존재이유는 '고객만족'에 있습니다. 기업은 시장과 고객이 없다면 생존할 수 없습니다. 따라서 기업이 만족시켜야 할 대상은 고객이고, 만족여부를 결정할 수 있는 주체도 오직 고객입니다. 고객이 언제 만족했는지 알 수 있는 방법은 고객으로부터 '고맙다'는 말을 들을 때입니다.

1 고객에 대한 불평

판매점에서 이런 직원이 있다면 바로 해고해야 하고, 콜 센터에 이런 직원이 있다면 기능을 바꿔주어야 합니다. 불만제기는 고객만이 가질 수 있는 권리입니다. "그래도 억지를 부리거나, 정도가 지나친 고객에게까지 친절할 수 없지 않은가, 그런 고객은 고객이 아니다"라고 단호하게 말하는 사람도 있습니다. 틀린 말은 아닙니다. 구성원의 감정과 행복도 중요하고, 고객보다 더 중요할 수도 있습니다. 그렇지만 고객이 없으면 기업도 존재할 수 없습니다. 고객의 불법적인 행위에 대하여는 당연히 합당한 조치를 취하면 됩니다. 일반적으로 기업이 생각하기에 부당하며 불평이 극심한 고객은 기준대로 처리하면 됩니다. 그래도 고객이 있다는 것이 다행일 것입니다. 그런 불만고객은 기업이 "우리가 고객에게 부족한 것은 무엇일까"라는 개선의 동기를 주는 것입니다.

2 고객에게 심적부담을 주어 이익을 취하려는 것

이런 행동은 주로 영업이 모든 것이라고 믿는 영업만능 사고방식을 가진 조직 구성원들이 하는 방식입니다. 인간은 심리적 감정적 경계가 약합니다. 그것도 마음이 순하고 심성이 착한 사람들일수록 그런 속성을 가지기 마련입니다. 이런 사람들을 대상으로 심적부담을 주어 구매하게 만드는 것은 절대 고객을 위한 것이 아닙니다. 영업맨의 이익을 위한 행동이지요. 마치 분위기에 휩쓸려 술에 취한 뒤 깨고 나면 후회하는 것과 다를 바 없습니다. 고객은 구매를 마친 다음 '야, 정말 잘 샀다. 좋은 결정이었어"라는 마음이 생겨야 올바른 구매활동과 생산적인 관계로 이어지게 됩니다. 기업과 고객과의 관계는 서로 생산적이어야 유지될 수 있습니다.

3 고객을 가르치려는 것

고객은 교육대상이 아닙니다. 고객이 원하는 것은 정보입니다. 고객이 상품을 모른다고 해도 그것은 고객의 잘못이 아닙니다. 공급자의 일입니다. 고급기술제품이라도 매뉴얼 없이 사용할 수 있도록 만드는 것이 고객을 생각한 제품개발입니다. 고객이 무지하다고 느끼게 만드는 것은 거절의 빌미가 될 뿐입니다. 충분히 정보를 제공하여 더 이상 질문이 생기지 않도록 할 수 있는 것이 최고의 서비스입니다. 고객교육센터 대신에 고객정보제공센터로 이름을 바꾸어야 합니다. 어떻게 부르는가에 따라 인식이 달라지기 때문입니다.

4 고객을 수익원으로 생각하고 대하는 것

3년 전에 회사용으로 자동차 장기렌트를 했습니다. 본래 소형 SUV를 원했는데, 영업담당자는 열심히 다른 승용차를 권유하더군요. 열심히 한다는 것과 밝은 성품을 믿어 권하는 대로 계약을 마치고 사용했습니다. 그런데 6개월 정도의 시간이 흐르자, 그 승용차는 곧 구모델이 되었고 같은 차종의 신모델이 등장하였습니다. 6개월 동안 차를 타보니 미흡한 점이 한 둘이 아닌데다가 장기렌트 비용도 불필요한 것들이 포함되어 상대적으로 매우 비싸게 계약했다는 것을 알게 되었습니다. 이 회사와 이 영업맨은 1회성 공급자로 끝났습니다. 이제 주변 사람들이 장기렌트한다는 말을 듣게 되면 이 회사를 이용하지 말라고 조언하며, 최근 회사에서 추가로 차를 계약할 때 이 회사를 배제하였음은 물론입니다. 이 회사는 고객으로부터 버림받은 것입니다.

5 고객을 통제하려는 것

조직 내부 구성원도 통제할 수 없는 시대입니다. 하물며 고객을 통제하려는 시도는 소음만 발생시키고 성과는 얻지 못하는 일입니다. 고객이 가야할 길이 있다면 그 길을 자연스럽게 안내하는 시스템으로 설계해야 합니다. 길목마다 서서 고객을 통제하려는 것은 고객을 돕는 것이 아니라 피로하게 만드는 일입니다. 고객은 통제를 원치 않습니다. 고객을 통제하려는 기업은 자녀들을 그릇된 자기 방식으로 사랑하는 꼰대부모와 같은 꼰대기업입니다.

은행창구에 가면 번호표를 뽑게 되어 있음에도 안내직원이 어떤 일로 왔는지 일일이 묻는데, 고객 스스로 판단하고 할 수 있는 일입니다. 고객이 잘 모르면 분명 물어볼 것입니다. 그것도 직관적 안내시스템이 미흡한 것입니다. 물을 필요없이 정보를 파악할 수 있는 시스템을 제공하는 것이 답입니다.

6 고객의 시간을 뺏는 것

많은 회사들이 고객들로부터 정보를 얻을 목적으로 무작위 스팸성 이메일을 보내거나 서비스 또는 구매 활동 후 전화나 이메일로 제품평가나 서비스 평가를 요청하는데 정말 뻔뻔스러운 일입니다. 모든 구매 행위의 본질은 시간을 돈과 바꾸는 것입니다. 이 세상의 어떤 사람이라도 이미 사라진 시간을 부활시킬 수 없으며, 새로운 시간을 생산하지도 못합니다. 아직까지 인간에게 그런 능력은 없습니다. 그럼에도 고객 의도는 아랑곳하지 않고 고객이 응답할 것이라는 확률에 기대거나, 응답하지 않으면 그만이라는 식으로 기업의 이익만을 위해 고객을 방해하거나 시간을 갉아먹는 일은 버려야 합니다. 대부분의 고객이 처음

가입할 때 그런 메일을 허용한다고 동의했다 할지라도 그건 강요받은 것입니다. 고객에게 정당한 보상없이 그런 일을 당연시하는 것은 고객을 위하는 일이 아닙니다.

 가장 흔한 경우가 고객을 상대로 특별가라고 하면서 아주 낮은 가격을 제시하는 광고라고 할 수 있습니다. 그러나 실제로 들여다보면 여러 조건에 부합하는 경우에만 그런 가격을 확보할 수 있는 낚시형 광고인 경우가 대부분입니다. 렌트카 회사의 장기렌트 광고를 보고 문의했으나 실제로는 고객이 부담해야 하는 추가 금융비용이나 여러가지 제거된 부대서비스 비용 등을 포함하여 계산할 때 터무니 없는 가격임을 알게 됩니다. 호텔광고도 마찬가지인 경우가 있습니다. 광고에 나온 것은 회사 입장에서 제약조건이 많은 가장 낮은 가격을 제시한 것이지요. 그 때문에 그 회사에 연락하고 상담했던 시간들은 낭비된 것입니다. 광고 맨 아랫부분에 작은 글씨로 적힌 계약조건 사항은 정상적인 고객이라면 할 이유가 없는 조건들입니다. 이것은 사기는 아니라고 하겠지만, 고객이 모르기를 바라는 의도가 숨어있다고 할 수 있습니다. 이런 일은 항공사도 마찬가지로 악용하고 있습니다. 특가에서는 공항이용료, 유류세, 입국료 등은 포함하지 않고 광고하는 경우가 대부분입니다. 그들은 관례라고 합니다. 관례는 고객이 정한 것이 아닙니다.

 자동차회사가 품질 불량인 차를 팔고서 고객이 정비를 받기 위해 다시 생산할 수 없는 시간을 낭비하게 만드는 것도 옳지 않은 일입니다.

SA 03 이제 무엇을 버릴 것인가

정비서비스를 잘 해주는 기업이 훌륭한 것이 아니라 고장 없는 제품을 생산하여 판매하는 기업이 훌륭한 기업인 것입니다.

한번 실패하면 두 번 찾아가고, 열 번 스무 번이라도 계약을 맺을 때까지 고객을 찾아가서 팔았다는 이야기는 영업사원의 끈기가 가상하다고 칭찬받을 수 있을지는 몰라도, 그동안 고객이 시달린 것과 반드시 필요한 것이 아님에도 설득되어 구매하게 만든 것이 잘하는 일이라고 할 수 없습니다. 이런 행동은 철저하게 자기 이익에 뿌리를 둔 방식이며 고객을 위하는 것이 아니라 자기 이익의 극대화를 추구하는 것입니다. 그런데도 이런 영업방식을 강요하고 가르치는 사람들도 있는데, 그런 방식으로 실패를 거듭하고 좌절하는 영업담당자는 마음이 오죽하겠습니까. 그런 것보다는 고객이 스스로 찾아오게 만드는 마케팅 활동이 고객과 판매자 모두에게 이로운 법입니다. 생산적인 고객관계의 근본은 우선 제품력에서 비롯되는 만큼 고객이 인정하는 가치란 무엇인가 탐색하고 고객을 만족시키는 것이 진짜 일이 되어야 합니다.

접대를 구실로 고객의 시간도 낭비하지 말아야 합니다. 그 시간이면 고객이 가족과 함께 보내거나 지식노동자로 생산수단을 개발하는 데 쓰도록 해야 할 것입니다. 물론, 접대나 뇌물을 넌지시 원하거나 심지어 당당하게 요구하는 고객도 많습니다. 그렇더라도 고객, 자신, 회사를 위해서 뇌물을 주거나 지나친 접대를 하지 않아야 합니다. "그 참, 갈수록 태산이네, 고객이 달라고 하는데 어떻게 안 줄 수 있으며 접대하지 않고 고객과 어떻게 관계를 돈독히 할 수 있다는 건지, 그렇게 해서 팔지 못하면 회사는 망하는데 당신은 영업도 안 해본 사람인가"라고 한심하다고 생각할 수도 있습니다. 그러나 조금 넓게 생각해 보면, 제품력과 진정성으로 고객을 대하는 것이 더 훌륭하며 장기적으로 고객에게 이로운 일입니다. 고객을 도와야 할 처지라면 고객의 아픔을 간파하고 그것을 헤아려서 위법하지 않는 방법으로 도움을 주는 것도 가능할 것입니다.

7 기술기반 의사결정

기술이란 그 자체로는 아무런 가치도 없습니다. 기술이 생명을 얻을 때는 그 기술이 적용되어 효용성 있는 제품이나 서비스가 될 때입니다. 그러므로 어떤 기회탐색이나 문제해결의 원점은 그 효율성이 고객에게 어떤 가치를 줄 수 있는가이며, 그것이 회사의 사명과 맞는지를 봐야 합니다. 따라서 회사가 가진 기술여하에 따라 새로운 도전이나 문제에 대한 의사결정을 할 것이 아니라 고객이 얻는 결과가 무엇이어야 하는가를 생각해야 하고 그것은 반드시 기술을 통한 효용성으로 나타나는 것이어야 합니다.

8 복잡하거나 어려운 반품 처리 과정

트레이더조는 2019년 말 기준으로 미국에서 474개 매장을 운영하는 식품전문 소매점입니다. 주류를 제외하고는 영수증없이 반품이 가능합니다. 반품사유도 그냥 부드럽게 묻거나 말거나, 계산대에서 같이 처리합니다. 한국 백화점이나 대형마트처럼 반품창구를 따로 두고 사유를 밝히거나 기다리는 일이 없습니다. 반품창구를 따로 두는 것은 고객의 처지라기 보다는 공급자의 편리에서 나온 발상이라고 생각합니다. 트레이더조는 먹다가 반만 남아도 만족스럽지 못해서 가져오면 계산대에서 바로 반품을 받아 줍니다.

그런 트레이더조와는 반대로 프랑스의 명품이라고 주장하는 몽블랑은 비겁한 기업의 표본입니다. 저는 10년 이상 몽블랑을 애용하던 사람이었습니다. 어느날, 가족으로부터 생일 선물로 몽블랑 제품을 받았는데, 내가 이미 가지고 있던 것과 같은 것이라 환불하려고 몽블랑 매장을 찾아갔습니다. 영수증을 챙겼음은 물론이고 구매한 바로 다음날 매장으로 갔으니 하루도 지나지 않은 것이지요. 그런데 몽블랑 매장 책임자가 말하기를 영수증에도 나와 있듯이 구매 뒤 환불은 불가능하며 몽블랑 제품을 구입할 수 있는 현금쿠폰 기능만 가지게 된다는 것이었습니다. 저는 이미 가지고 있는 제품을 가족들이 모르고 선물로 구매한 것이고, 몽블랑 제품을 여러 개 가지고 있기에 지금 당장 살 것도 없거니와 언제 몽블랑 제품을 사게 될지 알 수 없다고 했습니다. 그럼에도 불구하고 몽블랑 매장 책임자는 반품불가라고 주장하여 결국 포기하고 말았습니다.

그 이후로 나는 몽블랑 안티고객이 되었습니다. 이것은 강매와 다를 바 없는 것이지요. 영수증에 환불 불가라는 것도 눈여겨 확인하지 않았고, 가족들이 구매할 때 그런 말을 명확히 들은 것도 없다고 했지만 통하지 않았습니다. 법적으로는 몽블랑이 정당하다 해도 도덕적 과실에서 벗어날 수는 없습니다. 몽블랑은 고객을 이익 창출의 대상으로만 생각하는 기업이지 고객만족을 추구하는 기업이 아니라고 단호하게 말할 수 있습니다.

그들이 말하는 것과 행동하는 것이 다르다면 처음부터 그런 생각이 없다고 할 수 있습니다. 고객원칙과 더 나은 사회 기준으로 볼 때 몽블랑은 사라져야 할 기업에 불과합니다. 몽블랑을 가지고 싶어 안달하거나, 가지지 못하면 큰 고통을 받을 고객이 얼마나 될까요. 다른 사람에게는 모르겠지만 나의 인식으로 몽블랑은 280불짜리 상품을 팔아 이익을 챙기겠다는 욕구만 있지, 고객유지에는 관심이 없는 일회용 기업입니다. 나는 물론 한 사람의 불특정 고객이라 몽블랑이 갑자기 사라지는 일은 없습니다. 악덕기업이라 해도 고객이 있는 한 죽지 않습니다.

9 수동적 고객 서비스

전기차 선두자로 등장한 테슬라는 하드웨어를 앞세웠지만 소프트웨어 기업이라 해도 무방할 정도로 소프트웨어 엔지니어들이 많습니다. 테슬라는 고객이 잠든 사이에 고객 차를 인터넷으로 연결하여 점검합니다. 전기차에서 가장 중요한 것은 엔진이 아니라 배터리입니다. 원격으로 모든 장치를 점검하고 소프트웨어는 업그레이드하면서 24시간 자동차를 관리해줍니다. 고객이 불만을 제기할 필요도 없이 미리 제거해 버리는 것이지요. 이러한 IoT 기술이 빛을 발할 수 밖에 없는 것은 고객의 안전과 편리를 극대화할 수 있는 수단이기 때문입니다. 고객 서비스가 필요 없는 상품이나 서비스는 모든 고객에게 가장 값진 것입니다. 그런 것이 있다면 고객은 그에 상응하는 값을 치르겠다는 자발적인 의욕이 생기는 것이고 기업 입장에서는 마케팅의 본질을 발휘할 수 있는 기회인 것입니다.

10 싸게 파는 것

고객이 가치를 인정하고 지불하는 가격이 받아야 할 가격입니다. 가치보다 싸다고 생각되면 고객은 품질을 의심하게 되는 법입니다. 서울 도심의 한 식당에 점심을 먹으러 들어 갔습니다. 된장찌개나 김치찌개나 4천원이라고 적혀 있었는데, "아니, 요즈음 서울 도심 물가수준에서 4천원이 점심 한끼 값이라, 더군다나 서울 중심가에서. 이거 재료를 싼 것으로 쓰는 집 아닐까?"라는 의심이 들었습니다. 그래도 들어간 김에 막상 먹어보니 괜찮았습니다. 6천원으로 올려도 불평할 고객이 없을 것 같은데 말입니다. 이 식당은 점심을 낮은 가격으로 고객유인이 목적이었을 수도 있습니다. 그러나 가격정책은 기업 수익의 원천입니다. 훌륭한 제품을 정당한 가격에 받는 것은 바른 경영입니다. 저가로 팔지 않겠다는 생각은 처음부터 제품의 품질 확보에 정성을 기울이게 만듭니다. 품질이야말로 생산성의 척도입니다. 고객은 값이 싸다고 해서 조악한 품질의 제품을 기대하는 것이 아닙니다.

싸다는 것과 가격이 낮다는 것은 다릅니다. 이것은 강점이 장점과 다른 것과 같아요. 싸다는 것은 가치에 비하여 값이 낮다는 것입니다. 저가는 단순히 가격만 낮은 겁니다.

고객은 훌륭한 제품이 자신이 기대하는 가치보다 더 높은 가치를 제공하지만, 만족할 만한 가격을 원합니다.

애플은 최근에 출시한 아이폰 모델을 지금까지 나온 아이폰 가운데 가장 비싼 가격으로 시장에 내놓았습니다. 가격이란 고객이 가치가 있다고 인정하는 상한선입니다. 이 제품의 원가가 판매가격의 40%도 안되기에 애플은 판매가격의 60%나 되는 이익을 가져갈 수 있다고 합니다. 그러나 그런 것이 고객의 구매결정에 영향을 미치지 못합니다. 만약 그런 가정이 사실이라면 원가가 판매가의 10%가 안되는 구찌백을 원가의 10배 또는 그보다 많은 값을 기꺼이 치르고 구입하는 고객은 바보일 것입니다.

11 원가 기준 가격 설정

자기 생각에 빠진 전략은 몰락의 지름길입니다. 고객은 가치 있다고 인정하는 것에 돈을 지불하며, 그런 가치를 결정하는 것은 기업이 아니라 고객입니다. 따라서 처음부터 고객의 욕구강도를 파악하거나 탐색시행을 통해 고객이 능히 지불할 만한 가격을 정한 다음에 거꾸로 뺄셈하여 원가를 확인하고 해결해야 합니다. 고객이 구매를 결정하는 것은 필요와 욕구입니다. '고통지수'가 높을수록 고객이 지불하는 가격은 올라갑니다. 그러나 반대로 아무 쓸모 없는 제품을 싸다고 구매하지 않는다고 할 수는 없겠지만 그런 일은 자주 일어나지 않습니다.

12 자기방식 고객서비스

    질레트 면도날과 면도기를 오래동안 사용하다가, 우연히 와이즐리라는 벤처기업을 알게 되었는데 좋은 품질의 면도날과 면도기를 질레트의 반값도 안되는 가격에 팔고 있었습니다. 원가가 얼마길래 이렇게 싼가 하고 의구심을 갖고는 한번 사용해보자는 생각에 1세트를 구입했습니다. 기존 시장에서 면도날 가격은 원가가 판매가의 5%에 불과하다는 것입니다.

    독일에서 만든 면도날이었습니다. 놀라운 품질이었고 느낌으로는 오히려 질레트나 도루코 보다 훨씬 면도날 품질이 좋았습니다. 면도날을 끼우는 면도기는 아무래도 관계 없습니다. 이것은 어디 자랑하러 다른 사람에게 보여줄 제품이 아니므로 면도의 기능인 면도날이 중요할 뿐입니다. 한 달을 쓰고나니, '한 달을 쓰셨으니 면도날을 교체할 시기가 되었다'는 안내 문자가 왔습니다. 면도날은 아직 정상이었고. 두 달을 써도 문제가 없었습니다. 그런데 두 달째 또 같은 문자가 날라왔습니다. 지금은 3개월째 쓰고 있습니다. 그것도 같은 면도날로 말입니다. 그런데 여전히 와이즐리에서는 면도날을 바꾸라는 문자가 옵니다. 와이즐리는 그것이 고객서비스라고 생각하거나 주문을 받기 위한 자동 문자발송 시스템을 가동하고 있을 것입니다. 그런데 3개월째 잘 쓰고 있는 내게는 모두 스팸문자에 불과합니다. 와이즐리는 고객의 욕구와 상황은 모르면서 자기방식 고객서비스를 하고 있는 것입니다. 그래도 가성비가 높기에 나는 와이즐리의 응원고객으로 남습니다.

3
공헌이나 성과가 없는 것

1 경쟁사에 초점 맞추기

경영활동의 대상은 오직 고객이지 경쟁사를 이기는 것이 아닙니다. 경쟁사를 이기는 것이 고객의 구매결정에 영향을 미치는 것이 아닙니다. 기업은 고객이 가치 있다고 인식하고 지불할 용의가 있는 제품과 서비스를 개발하는 것에 초점을 맞추어야 합니다. 고객은 어떤 기업이 경쟁사를 이겼다는 소식에 아무런 관심이 없습니다. 그것은 기사거리가 필요한 기자를 만족시켜주는 일에 불과합니다.

2 계획을 고수하는 것

계획이란 돌판에 새긴 십계명이 될 수 없고 되어서도 안됩니다. 회사내부 상황과 주변 환경은 수시로 변하기에 그에 따른 조정이 불가피합니다. 기존 계획을 변경하는 것은 끈기 없는 변심이 아니라 성과를 내기 위한 변화관리라고 여겨야 합니다. 영국 수상 처칠은 "나는 올바른 것을 위해서라면 변덕장이라는 말을 들어도 좋다"고 공약을 수정하기도 했습니다. 처음부터 그런 의도를 가지고 했다면 사기꾼이겠으나 자신의 정보와 의사결정이 잘못되었다는 것을 알고 나서 변경하는 것은 용기입니다.

3 구성원 교육과 훈련의 책임

기업에 속한 구성원은 어린아이가 아닙니다. 지식노동자에게 가장 중요한 일은 학습이며 자기계발입니다. 그러나 그것은 회사가 책임질 일이 아니고 구성원 자신에게 책임이 있습니다. 수동적인 학습으로는 학습효과를 얻기 어렵습니다. 자기 스스로 절실해야 합니다. 회사에서는 구성원이 그런 일에 시간과 비용을 투입할 수 있도록 돕는 것에 그쳐야 합니다. 목마른 자를 물가로 이끄는 것은 할 수 있지만, 그 물을 마실 수 있는 것은 자신이어야 합니다. 그래야 책임으로 전환됩니다. 게다가 교육과 훈련을 구성원 스스로 선택할 수 있도록 해 주어야 합니다. 그것이 지식노동자의 계발 조건입니다.

4 구성원 전체에 대한 보상 비공개

급여와 보너스나 인센티브를 공개하지 않는 것은 상대적 평가가 조직에 이롭지 못하다는 인식 때문입니다. 실제로 조사해 보아도 다른 구성원들의 급여를 알고 싶다는 사람은 소수입니다. 그런데 고정급과는 달리 정해지지 않고 분기마다 성과에 따라 달라지는 성과보상은 팀단위로 공개하는 것이 조직에 이로운 행동입니다. 그것은 자신들의 성과를 공개적으로 확인할 기회가 되는 것은 물론이고 팀단위로 무엇을 잘 해야 할 지, 혁신할 기회가 어디에 있는지 탐색할 동기를 부릅니다. 그 것이 절대평가의 공개입니다. 결과의 평등은 동기를 약화시킵니다. 풀 어진 마음보다 약간의 긴장이 인간의 성과활동에 도움이 되는 것과 같 습니다. 그러나 예외도 있습니다. 그럼에도 불구하고, 사장부터 말단 구성원에 이르기까지 모든 사람들의 급여와 보상을 공개하여 더 탄탄 한 조직을 만들고 있는 기업이 늘어나고 있습니다. 감추기보다 드러내 는 것이 더 좋을 때가 많습니다.

5 구성원들이 상사를 선택할 수 없는 것

아직도 이런 기업이 대부분입니다. 이와는 반대로 해야 합니다. 구성 원들이 상사를 해고할 수 있는 권한을 가져야 합니다. 상사가 좋은 사 람일 필요는 없습니다. 그러나 능력이 부족하거나 성실하지 못하거나 리더십이 없어서 존경받지 못하는 상사는 구성원들이 교체를 요구할 수 있어야 하고 그것은 받아들여져야 합니다. 구글에서는 12개월을 주 기로 팀원들이 팀장 교체를 요구하면 반드시 받아주도록 원칙을 정하 고 있습니다. 이때문에 "뭐야, 팀원들의 눈치를 보란 말인가"라고 생각 할 수 있지만, 팀장이 가치증대와 팀성과 달성에 반드시 필요한 존재라 면 그런 사람을 바꾸어 불이익을 자처할 팀원들은 없을 것입니다.

6 목표를 낮게 잡는 것

목표는 달성할 수 있어야 하지만 높아야 합니다. 낮은 목표는 달성

SA 03 이제 무엇을 버릴 것인가

해도 아무런 감동을 느끼지 못하며 혁신에 도전할 수 있는 동기유발도 주지 못합니다. 무엇보다 높은 목표는 결과의 품질 수준을 높입니다. 목표가 높지 않으면 달성 뒤에 느낄 수 있는 성취감이나 희열을 얻을 수 없기에 그렇습니다. 목표설정의 기준으로 사용하는 산업평균 성장률 같은 수치는 목표가 될 수 없습니다. 목표가 높을수록 기대에 부응하겠다는 책임감과 해보자라는 열정이 상승하는 법이며, 장애를 극복하고 바라는 결과를 만들어보겠다는 욕구가 강해집니다. 그때 새로운 아이디어는 샘솟는 법입이다.

애플은 새로운 제품을 개발할 때 불가능할 것처럼 보이는 수치를 목표로 정합니다. 만약 시장에서 허용하는 소비전력 기준이 10와트라고 한다면, 그 반인 5와트를 설계 목표로 잡는 것이지요. 신기술이 아니고는 어림없는 목표지만 이런 파격적인 목표를 내세워 할 수 있다고, 해보자고 하면 목표 그대로 달성하지 못하는 경우도 있지만, 적어도 시장에서 기대하고 허용하는 범위보다는 훨씬 높은 수준까지 개발하게 됩니다.

혁신적인 아이디어는 빠듯한 상황보다는 여유 있는 상태에서 나올 가능성이 높습니다. 그렇다고 자원 제약없이 "원하는 대로 다 지원할테니, 마음대로 해봐"라고 하는 것은 아예 혁신을 포기하겠다는 말과 다름없습니다. 그보다는 제약조건이 터무니 없다고 느낄 만큼 목표를 분명히 제시하는 쪽이 문제해결의 혁신동기를 높이는 것입니다. 그래서 낮은 수준의 목표로는 혁신 탄생이 불가능하다는 것입니다. 혁신은 개선이나 발전을 너머 놀라운 일이어야 합니다. 그래서 목표는 "아니, 이게 가능하다고 생각한단 말이야!" 할 정도로 높게 설정해야 합니다.

7 문제를 최고 인재에게 맡기는 것

회사의 최고 인재가 할 일은 가장 가치가 높은 업무입니다. 그럼에도 문제가 생기면 조직내 최고 인재에게 일이 떨어지게 됩니다. 그 때문에 그는 더 가치 있는 일을 중단하거나 손을 떼야 하는데, 이런 일이 반복되면 가장 중요한 기회를 성과로 만들어내는 일은 언제나 인재가 맡지 못하게 됩니다. 그런 조직에서는 기껏 인재를 뽑아 놓고는 문제해결 대기조로 들어가게 만듭니다. 인재란 희소자원이며, 문제해결에 허덕이는 조직이 성장할 가능성은 인재만큼 희박합니다. 인재란 언제나 회사에서 가장 큰 기회를 성과로 만드는 작업을 맡아야 합니다.

8 미래를 예측하려는 것

미래는 예측할 수도 없거니와 알아내려고 노력해도 알 수 없는 것입니다. 그럼에도 미래를 예측할 수 있다고 주장하거나, 과거의 예측을 오늘의 현실에 맞추어 그럴듯한 증거를 내밀곤 합니다. 우리에게 필요한 미래란 예측 자체가 아니라 우리가 바라는 미래여야 합니다. 따라서 그런 노력보다는 회사 내부의 마이크로와 외부의 매크로 세계를 관찰하고 이해하는 데 시간을 써야 하고, 바라는 미래를 창조하기 위해 오늘의 자원을 내일의 결과로 만드는 일을 해야 합니다. 그렇다고 해서 미래를 생각도 하지 말라는 것이 아닙니다. 이미 일어난 미래를 볼 줄 아는 안목이 필요합니다. 그런 안목은 키울 수 있고, 키워야만 합니다.

9 영업중심사고

영업이 중요하지 않다는 말이 아닙니다. 영업은 반드시는 아니지만, 있어야 할 기능입니다. 그러나 영업을 마케팅의 시각에서 볼 필요가 있습니다. 탁월한 마케팅 즉, 제품력이 우수하다면 고객을 찾아가는 것이 아니라 고객이 찾아옵니다. 그것이 영업의 본질입니다. 드러커가 말했듯이 "마케팅의 기능은 영업이 필요 없게 하는 것"이므로 영업 기능을 판매가 아니라 기회 탐색 활동의 일부라고 인식해야 합니다. 고객을 만족시킬 수 없는 제품을 영업력이라는 이름으로 판매하는 것은 자칫 가망고객을 비고객으로 만드는 일이 될 수 있습니다. "두드리면 열린다"거나 "안되면 되게 하라"는 정신으로 성과를 낼 수도 있겠지만, 그 과정에서 판매담당자가 겪을 수 밖에 없는 좌절이나 고통도 자원투입과 산출관계의 생산성도 생각해야 합니다.

10 통합수익모델

회사 규모가 아무리 작더라도 팀이 구성되면 독립채산제를 활용합니다. 이렇게 하는 것은 그 팀에게 자신들의 사업에 대한 책임과 권한을 가지고 결과를 만들어낼 수 있는 경영자육성 기회를 주는 것입니다. 경영자 육성은 기업으로서는 알 수 없는 미래를 보장 받을 수 있는 가장 가치있는 투자입니다. 모든 투자와 지출에 대하여 자체 권한을 조직의 최소 단위로 넘길 수 있는 토대입니다. 팀 단위의 독립채산제는 책임이 높아지므로 성과도 오르게 되고 규모가 커진다면 회사를 분리하면 됩니다. 경영자는 전체와 부분을 함께 볼 수 있으므로 의사결정의 효율성은 덤으로 얻는 것입니다.

소니가 아날로그에서 디지털로 전환하는 시기가 늦었을 때 애플에게 시장 주도권을 빼앗겨 버렸습니다. 잡스가 소니의 몰락은 독립채산제 때문이라고 말했지만, 독립채산제로 크게 성공한 기업은 교세라 그룹입니다. 교세라 그룹은 더 정밀한 단위 독립채산체 시스템을 운영하는 기업이지만 시장의 리더십을 견고하게 유지하고 있습니다. 소니의 독립채산제 문제는 운영의 부실이지 시스템 문제가 아닙니다.

4
낡은 것과 과거유물

DELETE

1 결재판

지금도, 여전히 검정색이나 짙은 청색 결재판이 임원이나 사장의 책상 위에 있거나 구성원들이 들고 다니는 모습을 볼 수 있습니다. 결재할 때 자신의 지위나 존재감을 느끼고, 일하고 있다고 뿌듯할지 모르지만, 생산성이라고는 전혀 없는 것입니다. 결재는 전자결재로 충분하며 전자결재 시스템이 없는 회사라면 이메일 승인이나 문자승인으로 족합니다. 그 외 사장이 직접 펜으로 서명해야 하는 것은 얼마 되지 않습니다. 그런 것들도 결재판은 버리고 서류만으로 서명을 받으면 그만입니다. 겉치레는 서둘러 버려야 합니다.

2 과거형 채용문화

블라인드 면접이 훌륭한 인재를 뽑는 완벽한 해결책은 아니나 학력, 나이, 성별을 따져 사람을 뽑는 것보다는 나은 방법입니다. 물론, 직무에 따라 몇 가지 조건이 절대적 요소가 될 수는 있습니다. 그런 특별한 사항을 빼고는 채용에 대한 편견과 장벽을 제거하는 것은 분명히 보다 나은 조직을 만드는데 이롭습니다. 편견은 정신적 폭력과도 같습니다. 일본의 소니는 합리적인 블라인드 면접을 도입한지 오래고 옛날의 영광을 되찾을 수 있을 만큼 활력을 회복했습니다. 조직에서 필요한 것은 구성원의 남다른 강점이지 학력이나 학벌이 아닙니다.

3 구성원간 경조사비

경조사는 한국 사회생활에서 외면하기 어려운 문화 가운데 한 가지입니다. 전부가 그런 것은 아니더라도 보험 성격과 뇌물 창구로 활용되는 것이 경조사 행사입니다. 인간미가 없다고 말하겠지만, 구성원간 경조사는 공식적으로 돈을 내는 일이 없도록 규정을 만드는게 좋습니다. 그래야 결과에 따른 차별화나 이해관계에 휩싸이지 않습니다. 그 대신 회사에서 경조사에 따른 규정을 만들어 지급하는 것으로 그쳐야 합니다.

4 구성원을 가족이라고 하는 것

회사는 가족들이 있는 곳이 아닙니다. 그렇게 말하려면 구성원 전체가 가족인 가족회사여야 합니다. 구성원들을 가족과 동일하게 대하지도 않으면서 가족이라고 부를 수는 없는 법입니다. 구성원들은 독립적 인격이고 구성원들을 가족이라 여겨서 득 볼 사람은 회사 소유주 밖에 없습니다. "천만에요, 우리는 가족은 없지만 서로 가족처럼 여기고 가족회사 문화를 만드는 것이 목표입니다. 실제로 너무 잘 되고 있어요. 가족이라고 생각하기에 서로 열심히 돕는 마음도 가득한 회사란 말입니다."라고 주장할 수도 있습니다. 물론, 그런 회사가 하나도 없다고 할 수 없겠지만, 그렇다고 구성원들에게 유산을 분배한다는 약속을 하지는 않습니다. 어떤 회사는 아예 '우리는 서로 가족으로 생각하고 일한다'는 원칙을 게시하고 있습니다. 그렇다 하더라도, 그것은 가족처럼이지 가족일 수는 없습니다. 그런 회사일수록 가족으로 여기는 구성원을 상대로 소송도 마다하지 않는 곳이 기업입니다. 삼성전자는 '또 하나의 가족'이라는 슬로건을 사용했는데, 그런 또 하나의 가족을 상대로 10년 이상이나 소송으로 괴롭히는 것은 진정성이라고는 없는 모습니다. 차라리 가족이라는 말을 하지 않아야 합니다.

5 구성원을 피고용자로 생각하는 것

지식노동자는 생산수단을 가진 사람입니다. 그들은 언제라도 다른 곳으로 가버릴 수 있습니다. 이제는 직원이 아니라 파트너로 대해야 합니다. 회사의 가치란 시장에서 평가하는 주식가격이 아니라 구성원 각자가 시장에서 인정받을 수 있는 가치의 합입니다. 이 주장은 신제품 개발 핵심 인력이나 마케팅 핵심 인력이 다른 회사로 전직하면서 회사의 성과가 달라지는 것으로 알 수 있습니다. 구성원들을 파트너로 생각하고 존중할 때 이직도 줄고, 그들은 한 인격체로 자부심을 가질 수 있음은 물론이고 책임감도 높아집니다.

6 구성원의 잠재력 무시

중소기업이라고 해서 탁월한 사람들이 있을 곳이 아니라는 편견에서 벗어나길 바랍니다. 운과 타이밍이 맞지 않아 대기업이나 공기업에 가지 못한 사람들도 많습니다. 이른바 일류대학 출신들만 뽑아야 회사의 성과가 최고에 달할 수 있다면 실제로 그런 대학 출신만 뽑은 회사가 세계 최고 기업이 되어야 하지 않을까요. 그러나 그런 기업이 세계 최고 기업이라는 말은 들어보지 못했습니다. 포춘 리스트에서도 그런 기준은 없습니다. 그러나 세계 일류 대학 출신이 즐비한 컨설팅 전문기업에서 컨설팅을 받은 기업은 거의 망할 정도로 파괴되는 것을 들은 적이 있습니다. 그들은 의사와 같아서 그들의 컨설팅 결과 고객이 망하더라도 책임질 일은 없습니다. 의사는 언제는 수술 전에 보호자 동의서라는 것을 받습니다. 언제나 수술은 잘 되었다고 말하지만, 회복하지 못하는 환자들도 많습니다.

사람은 적절한 동기가 유발되면 기대하지 않았던 성과를 내기도 합니다. 그것은 예외적인 일이 아니라 본래 그런 잠재력을 가지고 있기 때문입니다. 인간이란 인정받을 때 힘이 솟구치는 법입니다. 어떤 경우에도 경영자가 구성원들의 잠재력을 경시하는 말이나 행동으로 부정적인 에너지가 흐르게 해서는 안됩니다. "너는 안돼"라고 하거나, "해도 소용없어"라고 말하는 것은 해보겠다는 의지를 소멸시키고 동기를 사라지게 합니다. 그것은 모두 경영자의 책임입니다.

일본 홋가이도에 구성원 수 20명 남짓되는 '가무이스페이스웍스'라는 기업이 있습니다. 이 회사 대표인 우에마쓰 쓰토무는 중학교를 다닐 때에 선생님으로부터 "말도 안되는 꿈일랑 꾸지 말고 시험 공부 열심히 해서 좋은 직장에 들어가 월급이나 잘 받아"라는 말을 들었다고 합니다. 선생 님은 또한 우주 어쩌고 하는 일은 여간 머리가 좋지 않고서는 무리며 돈도 엄청나게 든다고 하면서 그건 너 같은 사람이 할 수 있는 일이 아니고 다른 세상이야기라고 했습니다.

그러나 쓰토무에게는 다행스럽게도 훌륭한 할머니와 할아버지가 있었습니다. 할아버지는 어릴 때 쓰토무와 아폴로 우주선이 달에 착륙하는 과정을 TV로 같이 보시면서 "야, 대단하다. 쓰토무, 너도 할 수 있어"라고 격려했습니다. 학교 선생님에게서 들었던 말과는 반대였던 것이지요. 그 두 분의 격려와 희망이 오늘의 쓰토무를 만들었고, 이후 회사를 경영하면서 주위에서 보내준 응원과 지원으로 로켓을 개발할 수 있었다고 했습니다. 그는 회사경영에서 "해도 안돼, 그건 무리야"라는 말 대신에 "그럼, 이렇게 해보는 게 어때"라는 말로 사람들을 격려해야 한다고 합니다. 그가 이런 삶을 살아온 결과, 세계에서 세 번째로 무중력 실험장치를 만든 기업이 되었습니다.

인간의 능력은 학력과 학벌로 평가할 수 없습니다. 자신이 경영자라면 자신이 뽑은 구성원들이 "뭐, 인재들은 모두 대기업에나 가려 하고, 우리 회사에 오겠다는 사람이 다 그런 수준입니다"라고 저평가해서는 안됩니다. 그런 사람은 경영자라고 할 수도 없으며 그런 기업이 크게 성공하여 사회에 기여할 수 없습니다. 공부에 취미를 붙이지 못하고 공부를 잘 하지 못하는 학생의 일차적인 책임은 학생이 아니라 그 학생을 가르치는 선생에게 있는 법입니다.

경영자란 '평범한 사람을 모아 비범한 성과를 내야하는 사람'입니다. 비범한 사람은 희소하거니와 언제 구할 수 있는지 알 수 없습니다. 그럼에도 경영자가 현재 확보한 구성원의 잠재력을 편견으로 무시한다면 자격이 없는 것입니다. 그런 회사는 비전이 없습니다.

7 권한 집중

연봉 1억을 받는 사람이 하는 일을 연봉 5천만원을 받는 사람이 할 수 있다면 얼마나 생산적이겠습니까. 권한은 책임을 동반하므로 권한위임은 책임도 따라붙습니다. 하지만, 그것은 권한을 제대로 행사하기 위한 수단에 불과하며 실제 책임은 언제나 상사에게 있습니다. 최고경영자는 권한을 바로 다음 상급자에게 넘겨야 하고, 더 내려갈 수 있다면, 해도 된다면 실제 업무 담당자에게 주어야 합니다. 그 대신 권한위임을 통해 확보한 시간을 더 가치 있는 일에 투입할 수 있습니다. 그것이야말로 그들의 진짜 일입니다. 자신이 하지 않아도 될 일, 할 필요 없는 일에 자신의 능력과 시간을 투입하는 지식노동자는 생산성을 갉아먹고 있는 것입니다. 경영자는 언제나 현재 자신이 하고 있는 일 가운데, 가치 생산성이 낮은 일은 그 일을 자기만큼은 아니더라도 무난한 수준으로 할 수 있는 다른 구성원들에게 넘겨주고 자신은 가치가 훨씬 높은 과업에 집중해야 합니다. 이것은 자연스럽게 권한집중을 분산시키는 방법이 되기도 합니다.

8 기업을 사유물로 여기는 것

구멍가게가 아니라 중소기업 수준으로 발전하였다면 더 이상 개인 소유라고 생각해서는 안됩니다. 그것은 이미 사회 기관으로서 사회에 이로운 존재로 성장할 의무가 있습니다. 그런 기업을 개인 소유물로 생각하여 상속세를 줄일 방법에 심혈을 기울이거나 가족에게 물려주는 것에 몰두하는 사람은 경영자의 자격을 버린 셈입니다. "당신이라도 그렇게 하지 않겠는가"라고 물어본다면, 그렇다 해도 법을 준수하여 정당한 방법으로 처리할 것이라고 말하겠습니다.

도덕적 과실이라는 말이 있습니다. 법을 준수하여 이익을 취했다 할지라도 그것이 도덕적으로 부족함이 있다면 잘한 것이라 볼 수 없습니다. 채무자를 닥달하여 빌려준 돈을 회수할 수도 있겠지만, 그때문에 그 채무자가 자살하고 말았다면 채권자의 마음이 편할 리 없습니다. 돈보다는 사람이 더 귀합니다. 적어도 죽은 사람이나 가족으로부터 원망은 받지 않아야 한다고 생각합니다.

9 노조방해

노동조합은 법으로 보장되어 있습니다. 고용인과 피고용인의 관계에서 자본가인 고용주가 유리하다는 가정으로 만든 약자 보호법이라고 할 수 있습니다. 노동조합을 없애자는 것이 아닙니다. 노조 결성 여부는 구성원들의 선택입니다. 패러다임을 바꾸어 볼까요. 실리콘밸리에서 벤처기업들이 노조를 활성화하거나 파업을 한다는 말은 잘 듣지 못했습니다. 그러나 노조원들을 모두 주주로 만든다면 주주총회가 됩니다. 노동조합을 구성원 주주조합으로 만들어서 사고를 전환해야 합니다. 노동자 자신이 어떻게 권리를 지키고 이익을 더 많이 가져갈까 하는 생각에서 주주로서 회사를 지속생존시키는 것과 더 성장할 수 있게 공헌해야 할 일이 무엇인지 생각하도록 만드는 것입니다. 이것은 경영자가 구성원들과 고객이야말로 회사의 주인이 되어야 한다는 사고전환의 결단이 필요합니다. 구성원들도 마찬가지입니다. 노동조합은 기회를 만드는 곳이 아니라 자기 권리보호라는 한 쪽 문제만 해결하겠다는 고정관념에 매몰된 조직입니다. 구성원 주주조합으로 바꾸는 순간 기회에 그들의 에너지를 투입할 수 있게 된다면 누구에게 이로운 일이 될까요? 이런 상생의 길이 있음에도 노조설립이나 노조활동을 방해하는 기업들이 많습니다. 그들을 고객으로 여겨야 합니다.

10 돈만 많이 주면 된다는 생각

구성원들의 성과보상을 돈으로만 하려는 것은 환자에게 항생제의 강도를 높이면서 계속 투여하는 것과 다를 바 없습니다. 21세기 지식노동자는 돈만으로 살지 않습니다. 그들은 재미, 감동, 유익을 골고루 원합니다. 어떤 사람들은 이 3가지 균형을 벗어나서 어느 한 가지를 특히 더 많이 바라기도 합니다. 그것은 그 사람이 처한 상황에 따라 다릅니다. 따라서 보상은 개별적인 것이며, 그가 원하는 구조로 설계되어야 합니다. 획일적 보상구조는 간접부서의 일처리 편리는 가져올 수 있겠지만, 지식노동자의 열의를 높이거나, 만족도를 높이지는 못합니다.

11 명령

지식노동자로 구성된 기업은 군대가 아닙니다. 독립인격체로 대하는 존중도 없이 명령하는 방식은 파트너로 대해야 할 구성원을 머슴 취급하는 것입니다. 머슴이라면 권한도 없으니 책임질 일도 없습니다. 명령과 요청 가운데 어느 쪽이 더 바라는 결과를 낼 수 있을까요. 명령이 전혀 필요없다는 것이 아닙니다. 사장은 명령해야 하는 사람입니다. 그러나 그때는 회사가 위기에 빠졌거나 지체없이 중요한 의사결정을 내려야 하는 상황에서 눌러야 하는 스위치입니다다. 그것이 사장의 임무이기도 합니다. 또한 그런 상황에서도 명령하지 못하는 사장은 리더로 자격이 없는 사람입니다. 그 외 일상에서는 명령이 아니라 심리적으로 평등한 관계에서 파트너로 인식하고 요청해야 합니다. 책임을 요구하는 것은 명령이 아닙니다. 구성원의 의무입니다.

12 사무실 칸막이

21세기 초만해도 회사 사무실은 개인중심 사회 답게 칸막이로 분리되어 있었습니다. 심지어 사람 키보다 높은 정도로 칸막이가 되어, 창가에 있는 자리 말고는 감옥에 들어온 기분이 들 때도 있습니다. 지금은 공유오피스가 큰 흐름을 주도하고 있습니다. 칸막이 방식으로 '개방'이라는 혁신 환경을 만들기 어렵습니다. 사람들은 더 개방되고 더 투명한 환경을 원합니다. 그것은 협력의 기초 환경입니다. 사무실 칸막이는 제거하거나, 꼭 있어야 한다고 고집한다면 눈높이 정도로 낮추어야 할 것입니다. 구성원간 진정한 협력이 필요하다면 열린 공간에서 일하도록 해야 합니다. 그것이 실리콘밸리에서 잘 나가는 기업의 사무 환경입니다. 4차 산업시대에 사무실이란, 생산성이 있다면 어디든 따지지 말아야 합니다.

13 사장실과 임원실

사장실과 임원실의 기능은 무엇일까요. 권위는 세울지 모르겠지만 비용만 발생하는 기업내부의 권위가 무슨 의미가 있을까요. 설령 권위가 필요하다고 주장하겠지만 권위란 직위나 독방이 아니라 인격과 실력으로 획득하는 것입니다. 그런 겉치레는 더 이상 성과를 내는 것과 관계없는 장식입니다. 그것은 고정비 상승에만 기여할 뿐입니다. 비밀스러운 대화가 필요하다면 회의실을 이용하면 됩니다. 은폐는 문제 발생의 진원지가 될 가능성이 훨씬 높습니다. 페이스북의 주커버그조차 개인방이 없고 다른 구성원들과 같이 개방된 사무공간에서 일합니다. 굳이 사장실을 만들어서 자기만의 공간을 가지겠다는 욕구를 버리지 못하는 사장이라면 방문이라도 만들지 말기 바랍니다. 방문을 만들어 놓고 열린 대화를 기대하는 것은 우물에서 숭늉찾기와 다름 없는 일입니다. 진정성을 가진 경영자라면 지금이라도 자신의 독방을 구성원들의 도서실이나 휴게실로 전환해야 합니다.

14 연공서열

시간이 흐르면 저절로 승진하고 호봉이 올라간다고 기대하게 만드는 것과 능력이나 실력과는 무관하게 나이든 사람이 존중 받아야 한다는 것이야 말로 조직이 늙게 만드는 것입니다. 구성원들은 시간만이 유일한 희망이라고 생각하게 되며, 분발보다는 정치와 매너리즘에 빠집니다. 이런 조직에서는 탁월한 성과를 내겠다는 동기는 약화되고, 자기계발 노력도 힘이 빠지며, 자리를 오래 붙들고 있어야 한다는 인식을 강화할 뿐입니다. "내 평생 회사를 위해서 보냈는데, 무슨 말도 안되는 주장인가"라는 사람들도 있겠지만, 냉정하게 생각해 보면 자기 인생을 바친 것이 회사를 위한 것은 절대 아닙니다. 그것은 자신과 자신이 책임지려는 가족을 위한 공헌 선택이었습니다. "나는 절대 그런 사람이 아니야"라고 해서 사실이 바뀌지는 않습니다. 굳이 그런 사람을 지적하라고 하면 아마도 창업자라고 할 수 있겠지요. 그런 창업자라도 시간이 흘러 회사가 성장했다면 그건 고객과 사회의 도움과 응원 때문일 것입니다. 연공서열 문화는 나이를 기준으로 사람을 해고하고 어찌하라는 것이 아닙니다. 그 의미는 나이, 직위, 성별, 근무연수 등과 성과와는 연관성이 없다는 것이며, 실제로 더 많은 책임을 진 사람과 공헌하는 사람들이 나이와 무관하게 정당한 평가를 받는 조직 문화를 세워야 한다는 말입니다.

15 임원용 고급 승용차

회사 비용이라 해도 생산성 없는 곳의 비용지출은 제거해야 합니다. 어떤 사람은 세금을 내느니 이렇게 해서 보상의 한 형태로 비용처리를 한다고 말합니다. 비용 처리와 세금 납부 중 어떤 것이 사회에 이로울까요. 대형 고급자동차가 필요한 이유는 무엇일까요. 거래선 접대나 환영을 위한 것일지라도 중형자동차 정도면 충분합니다. 정 필요하면 그 때 렌트카를 이용하면 됩니다. 사장과 임원들이 겉치레 자동차에 상당한 비용을 지출하면서 나머지 구성원들에게 비용절감을 요구하는 것이 타당할까요. 사장과 임원만이 고급승용차를 타야하는 이유는 무엇인가요. 그렇게 하고 싶다면 자기비용으로 자동차를 구입하여 사용하는 것이 옳습니다. 실리콘밸리에서는 망하는 기업 말고는 볼 수 없는 일입니다. 이런 모습은 주로 실속과 겸손보다는 으스대기를 좋아하는 아시아권의 중국과 한국 등에서 여전히 유지되고 있는 과거문화입니다. 대형 고급 자동차를 사용하는 것은 환경에도 해롭습니다. 과연 그런 것이 기업의 사명과 일치하는 일일까요. 무엇보다 이 지출이 회사와 사회에 이로운가 자문해야 합니다.

16 임직원 식당 구분

회사 내 식당을 운영하는 경우 임원용 식당이라고 자리를 따로 두는 회사들이 있습니다. 어떤 회사는 사장이 점심 식사시간을 이용하여 임원들과 대화할 기회를 더 많이 갖기 위해서라고 합니다. 그러나 사장의 의도가 선하다고 할 지라도 판단은 그것을 보는 구성원들의 인식에 달린 것입니다. 아무런 득이 없는 일이며 임원의 교만한 마음만 두껍게 만듭니다

17 정보독점

직위가 높을수록 정보독점을 자기의 가치라고 여기게 됩니다. 정보

를 권력이라고 생각하는 것입니다. 맞는 말입니다. 그러나 정보는 나눌수록 가치가 배가되는 것입니다. 함께 일하는 구성원들이 직위와 무관하게 모든 정보를 확인할 수 있다면 임원들이 생각하지 못하는 문제를 포착하거나, 아이디어 또는 기회를 발견할 수 있을 것입니다. 직위를 막론하고 공개할 수 있는 모든 정보를 전체 구성원들이 접속하여 활용하도록 하는 것이 생산적입니다. 인터넷 데이터센터 서비스를 하는 에퀴녹스는 전세계 직원들이 관리자의 허락 없이도 서로 정보를 공유하도록 하여 문제해결의 속도와 품질을 높이는 기업입니다.

18 주인정신을 가지라고 하는 것

실리콘밸리의 중심 샌호세 스타벅스에서 하우스 커피를 주문했습니다. 하우스 커피는 미리 만들어 놓는 것으로 가격이 가장 낮고 기다릴 필요없이 마실 수 있다는 이점이 있습니다. 그런데 매장 직원이 커피를 내주면서 돈을 받지 않겠다고 하는 것 아니겠습니까. 지금 만들어 놓은 것이 이것뿐이고 잔 가득히 차지 않았다고 하면서 말입니다. 내가 보기에는 90% 채웠으면 오히려 원하는 바인데, 공짜로 마시게 된 셈이었습니다. 이런 직원과 달리, 매장 직원이 주인처럼 이익만을 생각한다면 손님이 다시 올 확률은 낮습니다. 실리콘밸리에서 매장 직원들이 주인처럼 생각하는 사람을 만난 적이 없습니다. 만약, 나누어 마시기 위해 빈 컵을 달라고 하면 바로 줄 뿐 아니라, 커피를 사지 않고 얼음물을 달라고 해도 흔쾌히 줍니다. 고객이 눈치 볼 필요도 없습니다. 직원이 고객 입장에 설 수 있는 것은 회사의 이익극대화가 아니라 고객만족을 달성하려는 생각을 가지고 있을 때입니다. 주인정신을 가지라는 말은 자기 자신과 자기 일에 대한 것이어야 합니다.

19 집단행사

구성원들에게 가장 중요한 것은 회사가 아니라 가족입니다. 가족들의 행복을 위해서라면 회사인들 버리지 못하겠습니까. 서양에서는 일찌감치 개인과 가족의 가치우선주의가 삶 가운데 자리 잡았지만 동양에서는 아직도 집단주의를 중요시 합니다. 해마다 체육대회를 개최하는 것이 그렇고, 연말 종무식, 새해 시무식, 단합대회라는 명목으로 구성원 전체에게 획일적인 행사 참여를 강요하는 것도 그렇습니다. 이런 일은 간접부서가 주도하기에 직접부서 사람들에게는 성과보다는 스트레스로 작용하기도 합니다. 간접부서 사람들은 조직단합을 위해 최고라고 말하면서 쉴 새 없이 이런 행사를 기획하고 존재감을 드러내고 싶겠지만, 그들이 진짜해야 할 일은 이런 일을 만들지 않는 것입니다. 심지어 부서나 자회사까지 모아서 퍼포먼스 경쟁을 시키는 회사도 있습니다. 그들은 그런 리더를 포함해서 버려야 할 대상입니다.

20 퇴사자 재취업 금지

퇴사자가 다시 일하겠다며 돌아오는 것을 기꺼이 수용할 수 있는 경영상황이라면 받아 들이는 것이 이롭습니다. 어떤 이유로 나갔던 다시 복귀하겠다는 것은 자신이 몸담았던 조직에서 일 할 만하다는 증거이기 때문입니다. 이미 조직과 문화를 알고 있으며 할 일이 무언지도 아는 사람인 만큼 긍정적으로 생각하고 수용해야 합니다. 한 번 나간 사람은 다시 받아들이지 않는다는 원칙으로 무엇을 얻을 수 있겠습니까. 그도 고객일 수 있습니다. 고객은 언제나 환영 대상입니다.

21 퇴직 나이 규정

미국은 1978년에 75세를 퇴직연한으로 정했지만, 실제로는 지식노동자의 선택입니다. 그가 일할 수 있고 성과를 내는 한, 전염되지 않는 병으로 고생한다 해도 사무실에 나와서 일할 수 있도록 합니다. 오로지 자기선택인 것이지요. 회사가 현금흐름 악화로 인원감축을 피할 수 없는 경우 말고는 퇴직연한이 정해진 것은 없다고 볼 수 있습니다. 일정 나이에 이르렀다면 아무래도 생산성 저하가 불가피하지만, 그래도 일하고 싶다는 사람에게는 보상조건을 조정하면 됩니다. 평생직장이란 없겠지만, 평생직장이 될 수 있는 환경은 회사가 제공할 수 있습니다.

22 폐쇄적 의사결정

업무 추진에 앞선 의사결정은 실제로 그 과업을 수행할 사람들이 처음부터 참여할 수 있도록 해야 합니다. 그것이 책임을 인식할 수 있는 유일한 방법입니다. 실무를 맡아서 일할 사람은 제쳐 두고 의사결정권을 가지고 있다고 말하는 사람들만 모여서 결정한 것은 그들이 책임질 일이지 실무자가 아닙니다. 결정에 참여하지 않은 사람이 왕성한 의욕으로 책임감을 가지기를 바라는 것은 경영진의 생각일 뿐입니다.

23 포상제도

인간의 능력은 제각각입니다. 그렇기에 그 능력에 따른 성과를 인정하면 됩니다. 특별한 성과를 냈다고 해서 상을 주는 대신에 단순하게 보상하는 것이 더 좋습니다. 실리콘밸리에서는 초등학교에서나 하는 포상제도가 사라진지 오래되었습니다. 어떤 일이건 협업으로 놀라운 성과를 낼 수 있는 시스템이 정착되었기 때문입니다. 상대평가는 협력하는 조직문화에 이로울 게 없으며 조직을 그저 경쟁의 장으로 만드는 일입니다.

24 호칭에 직위, 직책, 님을 붙이는 것

부장님, 상무님, 사장님이라는 호칭은 어떤 기능이 있을까요. 이것은 아무런 기능도 없으며 생각과 의사소통에 장벽으로 작동할 뿐입니다. 그러니 제거해야 하는 대상입니다. 한국의 많은 기업에서는 여전히 직위와 직책에 존칭접미사도 붙여서 부르거나, 어중간한 형태로 전체 이름에 님자를 붙여 상호존중의 모양새를 흉내내기도 하는데 그다지 효율적이지 못합니다. 한국에서도 영어이름을 정하거나, 한국이름을 영어로 부르는 것이 효과와 효율 두 마리 토끼를 잡는 것입니다. 한국 시장에 안주하는 것이 아니고, 글로벌 시장에 고객이 있고 해외로 확대하는 것이 지속 생존의 필수조건인 기업들이라면, 오늘부터 낡은 호칭을 버려야 합니다. 호칭만 바꾸어도 조직이 수평적으로 변하는 것을 보고 느낄 수 있습니다. 나이, 성별, 학력, 학벌을 모두 제거해 버릴 수 있는 단순한 방법입니다. 하도 그렇게 하다 보니 본명을 잊어버리는 경우가 자주 생기기도 하지만, 이런 미국식 호칭을 도입한 기업은 예외없이 소통 수준이 매우 좋아졌습니다. 성과가 향상되었음은 물론이지요.

존중이나 존경은 나이나 직위가 아니라 탁월한 성과나 인격으로 획득할 수 있는 법입니다. 평범한 사원보다 역량이 떨어지는 임원은 그 사원을 존중할 수 밖에 없습니다. 만약 그런 마음이 없는 임원이라면 임원 자격이 안되는 사람을 임원으로 앉힌 것입니다.

25 화려한 사무실

워드프레스로 홈페이지 제작과 관리 서비스를 하는 오토매틱은 세계 시장에서 25%의 시장점유율을 가지고 있고, 직원 수는 400명을 넘으며 회사 가치 역시 1조원이 넘습니다. 전세계 43개국에 흩어져 살고 있는 직원들은 모두 재택근무 또는 자기들이 원하는 아무 장소에서나 일하고 있습니다. 생산성이 있는 곳이 바로 일하는 곳입니다. 외관으로 평가를 받는 기업들은 훌륭한 사무실이 꼭 필요할 것입니다. 그렇더라도 대부분의 기업은 특정 기능을 제외하고는 고정사무실이 필요 없습니다. 그것은 모두 고정비입니다.

26 휴가날짜 통제

자신이 최고 성과를 낼 수 있을 때, 일하고 싶을 때 일하고, 쉬어야 한다면 쉴 수 있는 권한을 구성원에게 준다면 어떤 일이 벌어질까요. 인간에게 가장 중요한 시간과 자유에 대한 권리를 주는 것은 책임을 유지하되 권한도 부여하는 것입니다. 자기 선택에 따른 결과는 자기가 책임질 수 있을 때 훌륭한 모습으로 나타납니다. 21세기 젊은이들은 돈만 바라고 직업이나 직장을 선택하지 않습니다. 가족과의 삶, 시간이 흐르면 돌이킬 수 없는 히스토리를 가족과 같이 만들고 싶어하고, 그 시간의 어울림에 상당한 가치를 두고 있습니다. 급여가 10% 적더라도 저녁시간을 가족과 같이 보낼 수 있다면 그 일을 택하거나, 자신이 좋아하는 일이라면 그 선택이 우선입니다. 퇴근 후 한잔 하자거나 팀회식에 열을 내는 과거문화는 버려야 하는데도, 여전히 이런 문화를 주장하는 꼰대들이 한국 기업 조직에는 흔한 모습입니다. 취하고 싶다면, 회사 돈이 아니라, 혼자 자기 돈으로 마시면 됩니다.

5
생산성이 없는 것과 생산성을 갉아먹는 것

생산성은 기업생존과 성과검증의 척도입니다. 생산성 없는 일에 자원을 투입하는 것처럼 어리석은 일도 없을 것입니다. 존재하기 때문에 오히려 생산성 발휘에 방해가 되는 것, 결과를 만들어내는 데 효율을 떨어뜨리는 것들이 바로 그런 것입니다. 이런 것들은 대게 존재하는 것 자체가 소음과 에너지낭비의 원인이 되고, 조직내 다른 자원들이 가진 에너지도 잡아먹습니다. 강점 발휘에 방해가 되는 약점과도 같은 것입니다.

생산성이 없는 것은 아까워할 것이 아니라 버려야 할 대상입니다. 버리지 못하고 계속 모으려는 사람은 자신이 이미 고령화 사회의 일원이 되어버렸다는 것을 깨달아야 합니다. 그것은 신체적 노인이라 해서 판정 받는 것이 아니라 정신적 노인이 되었기 때문입니다.

진정한 도전은 지금까지 가지고 있던 것과 하던 것을 버리고 다시 만드는 것입니다. 이것을 혁신이라 하고, 지속생존 경영활동의 핵심이 되어야 합니다. 살아있는 조직, 더 잘살기를 바라는 모든 조직에게 혁신이야말로 진정한 과업입니다.

생산성이 낮은 것은 고객의 기대나 고객이 인식하는 가치와는 멀어진 것입니다. 조직 활동의 진정한 목표는 고객과의 물리적 정신적 거리를 제로로 만들고 고객과 한 몸, 한 마음이 되는 것입니다. 이것은 그야말로 경영학 책에서나 말 할 수 있는 이상적인 관계인 것이 맞지만, 그때 공급자와 고객이 얻을 수 있는 가치는 최대치가 될 수 있습니다. 이것은 불가능하다고 말하는 사람이 있지만, 현실에서 확인할 수 있습니다. 그런 기업들을 진정성 있는 초우량 기업이라고 합니다. 이런 관계라면 고객과의 물리적, 정신적 거리가 제로이므로 거래비용을 거의 제로까지 줄일 수 있습니다.

1 간접부서 비대

간접부서의 기능은 직접부서를 관리하는 것이 아니라 그들이 성과를 낼 수 있도록 돕는 일입니다. 감시기능이 되어서는 안됩니다. 인간의 실수나 탈선을 감시하는 기능은 정보기술의 도움으로 실시간 관리가 가능합니다. 회사 상황에 따라 차이가 있지만, 간접부서를 최소화하지 않는다면 조직 자체의 존재를 위한 일을 만들어 내게 되고 그것은 모두 직접부서 사람들이 생산성 없는 일에 시간을 소모하게 만듭니다. 가장 위험한 경우는 이들이 회사의 모든 전략에 개입하여 회사의 사명과 목표를 그릇되게 만드는 것입니다.

2 다단계 직위체계

경영의 속도 경쟁은 불가피한 현실입니다. 말단 사원부터 사장에 이르기까지 계단식의 복잡한 직위 체계는 업무수행 속도를 떨어트립니다. 이상적인 조직 구조는 완전 수평화 입니다. 그러나 선장이 없는 항해란 불가능한 법. 선장은 명령을 내리는 사람이고 배가 위험에 처했을 때 선장은 다른 사람들에게 의견을 구할 게 아니라 바로 명령을 내릴 수 있어야 합니다. 그리고 한 사람이 효율적으로 감당할 수 있는 구성원 수가 한계를 가지므로 조직이 커지면 사장과 사원 사이에 임원이라는 직위를 두는 것도 필요합니다. 사원이라 할지라도 업무를 파악하고 자신의 생각을 담을 수 있을 정도면 매니저라는 직위를 부여할 필요가 있습니다. 그렇게 하지 않더라도 모든 지식노동자는 자기경영의 1인 관리자여야 하는 것은 당연합니다.

직위체계는 사장-임원-매니저(사원) 3단계로 충분합니다. 어떤 기업은 이런 단순 직위체계를 구조조정이나 임금상승을 낮추는 수단으로 여긴다고 하지만, 그래도 조직 수평화는 구성원과 조직에 이로움이 훨씬 많습니다. 직위의 다이어트에 그치지 않고, 사업부 내에서도 일본 교세라 그룹의 이나모리 회장이 적용했던 단위 사업부제를 활용하면 생산성은 더 증가할 것이고, 이렇게 되면 권한과 책임은 자연스럽게 하위 실무자에게 집중됩니다. 3단계로 모든 업무를 처리할 수 있다면 고객입장에서 느끼는 속도도 대단히 빨라질 것입니다. 고객은 기다리는 것을 원치 않습니다.

3 대규모 채용행사

필요할 때 필요한 사람을 뽑는 것이 효과적입니다. 채용을 연례행사로 만들 필요는 없습니다. 면접대상자 선발을 위한 몇 시간짜리 직무검사라는 것도 무익합니다. 그 때문에 투입되는 회사내 자원과 인력, 무엇보다도 입사하겠다는 희망을 가진 잠재적 고객들에게 거의 온종일 시간을 허비하게 만드는 제도는 주인이 노예를 부리는 것과 다를 바 없습니다. 인간은 소우주와 같은 존재입니다. 그런 사람은 몇 시간의 필기시험으로 알 수 있을까요. 입사지원자는 모두 고객이거나 잠재 고객입니다. 채용은 두 번째 사람이 필요할 때 첫 번째 사람을 뽑는다는 원칙으로 각 현업부서에서 직접 선발하도록 권한과 책임을 넘겨야 합니다. 인사부에서 할 일이라고는 행정처리 밖에 없습니다. 그러니 굳이 그런 기능을 인사부가 가져야 한다면 한두 명 정도로 충분합니다.

4 보고를 위한 회의

회의는 문제해결 장소가 아니라 기회 발굴의 시간입니다. 문제는 별도 회의가 아닌 개별 보고로 충분합니다. 그렇지만 기업에서는 문제가 생기면 조금이라도 관련된 사람들을 모두 불러모아 값비싼 사람들의 시간 자원을 낭비하고는 기껏해야 문제를 해결하고 회의를 마칩니다. 문제라도 바로 해결하면 다행이나 회의는 2차, 3차로 이어지게 되고, 이처럼 보고를 위한 회의에 생산성은 없습니다. 회의는 투입 시간의 길이가 아니라, 생산성으로 따져야 합니다. 회의란 드물게 하는 것입니다.

5 불량상사 방치

조직에서 경영자가 가장 중요하게 생각하고 무엇보다 우선하여 투자할 대상은 무엇일까요. 그것은 조직의 미래를 보장해 줄 수 있는 투자결정이어야 합니다. 바로 경영자 육성이지요. 그런 경영자는 할 수 있다면 외부에서 데려올 것이 아니라 내부에서 조직문화 조직정신과 함께 키워야 합니다. 모든 조직은 언제나 조직내 가장 젊은 사람이 조직의 미래이며, 그들보다 중요한 인적자원은 없습니다. 그런 사람들이 잘 성장할 수 있는 것은 유능한 상사이자 위대한 상사를 만났을 때입니다. 그런데 그 반대로 불량상사를 만나게 되면 한 사람의 인생은 물론이고, 조직의 미래가 위험에 빠지는 것입니다. 경영자는 친숙한 낡은 자들의 말을 들을 것이 아니라, 미래 경영자들의 말에 먼저 귀 기울여야 합니다. 불량상사는 절대 묵과하거나 방치하지 말아야 합니다.

6 비용처리를 일로 만드는 것

비용처리는 과거를 청산하는 일입니다. 아무런 생산성이라고는 주지 못하는 과거행위에 대하여 일일이 영수증을 모아 붙이고 계층을 따라 승인받고 정산하는 과정은 최초 비용청구자, 결재권자, 경리나 재무회계 담당자의 시간을 잡아먹을 뿐입니다. 모든 비용은 경리팀이 자동으로 관리할 수 있는 법인카드로만 지출하도록 하고 발생과 함께 정리까지 끝나도록 만들면 됩니다. 시스템을 구축하면 시간낭비를 막을 수 있고, 지출자의 도덕적 해이나 윤리위반을 관리할 수 있습니다. 이 일을 사람이 하게 되면 일관성을 잃기 쉬운 법이지요. 여기에 더 효과적인 비용관리 방법을 적용한다면 지출내역을 매일 사내 인트라넷을 통해 구성원 모두가 확인할 수 있도록 공개하는 것입니다. 공개하지 못할 비용이라면 처음부터 발생하지 않도록 하고, 외부에서 들어오는 각종 비정상적인 지원이나 뇌물 요구도 정당하게 거절할 수 있습니다. 비정상 공간이 커질 수록 필요한 정상공간은 줄어들 수밖에 없고 그것은 모조리 비용발생의 원인입니다. 물론, 국가나 지역, 상황에 따라 현금이 필요한 예외적인 경우가 있습니다. 그럴 때는 그야말로 예외 규정을 두면 됩니다. 예외를 일반으로 만들 필요는 없습니다. 근본적으로 예외는 늘어나지 않도록 해야 합니다.

7 사후출장 보고서

출장보고서에서 버려야 할 것은 두 가지입니다. 첫째, 출장에서 돌아온 뒤 보고서를 제출하는 것입니다. 보고서는 복귀하기 전에 현장에서 이메일로 결과를 보고하는 것으로 마무리해야 합니다. 그때 결과를 공유할 사람들에게도 같이 참고자로 보내면 그만입니다. 둘째, 보고서에 담아야 할 내용은 발견한 기회가 무엇인지를 중심으로 해야 합니다. 고객으로부터 품질 불량이라는 통보를 받고 갔다 할지라도 핵심은 기회 발굴에 있다는 인식입니다. 그런데 거의 모든 보고서는 문제해결을 대

단한 성과로 인식하고 장황하게 기술하면서 새로운 기회가 무엇인지
는 가볍게 생각합니다.

8 시스템 결함

잘못된 업무 시스템 설계를 방치하면 업무 효율을 떨어뜨리는 것은
당연하고 구성원들이 하지 않아도 될 일을 하게 만듭니다. 전산화가 시
작된 뒤, 유럽과 미국 은행에서는 종이 통장이 사라진 때가 1990년대
입니다. 전산화가 수 십년 뒤쳐진 것도 아니고 미국보다 평균 인터넷
속도가 훨씬 빠르고 밀집도가 높은 한국에서는 아직도 통장을 사용하
고 있습니다. 최근에서야 고객이 원하면 통장을 사용하지 않아도 되도
록 바뀌었습니다. 그러나 이것조차도 적극적으로 알리는 노력은 하지
않고 있습니다. 시스템 결함의 문제는 여기서 그치지 않는데, 은행 지
점에 들어가면 번호표를 뽑는 기계가 있음에도 직원이 무슨 일로 왔는
지 물어봅니다. 창구에서는 해당 순서가 되면 스피커를 통해 큰소리로
몇 번 창구로 오라는 안내방송이 나옵니다. 지하철 내 도착역 안내 방
송도 별다를 바 없습니다. 반복되는 불필요한 과정을 만들어 놓고 고객
서비스라고 하는 것은 소수 고객을 위한답시고 다수 고객의 시간을 낭
비하거나 불편을 주는 것입니다. 의도는 알겠으나, 효율적인 시스템은
아닌 것이지요. 은행이 아직도 과거 관공서 문화에서 벗어나지 못했다
는 증거일 것입니다. 이런 일이 일반 기업이라는 조직내에서도 빈번히
일어납니다.

9 아날로그 사고와 아날로그 시스템의 고집

인간이 오감으로 느끼는 것은 모두 아날로그 정보입니다. 그렇다고 해서 아날로그를 회사 업무 시스템이나 문화의 중추로 둘 수는 없습니다. 과학기술의 발달로 모든 것은 원자의 세계이며 인간도 물질이기에 원자로 구성되었다는 것이 입증되었습니다. 현실 아닌 현실 가상현실의 기반은 디지털입니다. 이제는 무엇이 현실이고 무엇이 가상현실인지 구분하기 어려울 정도입니다. 시간을 무한대로 둔다고 가정한다면 모든 것은 가상현실이라고 볼 수도 있습니다. 하여, 조직문화에서 아날로그 방식을 고집하는 것이 경영자 취향으로 결정되어서도 안되고, 어떤 것이 더 생산적인가 하는 것이 의사결정 기준이 되어야 합니다.

아날로그 사고방식의 문제는 의지를 성과내기의 수단으로 삼는 것입니다. 아무리 꿈이 크다 하더라도 의지만으로는 태산을 옮길 수 없습니다. 태산을 옮기려면 불도저가 필요한 법입니다. 경영은 기준을 정하고 실천 행동의 반복을 통해 습관으로 정착시키는 것이고, 그것이 시스템입니다. 실행을 의지로만 하려는 것을 버리고 구성원들이 저절로 하게 만드는 디지털 시스템을 제공해야 합니다.

10 인원과잉

성장하는 기업에서는 언제나 인원이 부족하다고 아우성 치고, 성장하지 못하는 기업은 제대로 일하는 사람이 없어서 성과를 내지 못한다는 구실을 댑니다. 현명한 경영자라면 사람이 필요하다고 채용승인을 요청 받으면 점잖게 거절하고, 두 번째 사람이 필요하다고 할 때 한 사람을 채용하도록 허용해야 합니다. 그러나 여기서 말하는 인원과잉의 근본 문제는 인원과잉으로 생기는 조직 내 불필요한 의사소통의 양이 과잉 인원의 곱절로 늘어난다는 점입니다. 체중 비만도 문제지만, 조직에서 인원 비만은 생산성을 떨어뜨리는 요소입니다.

11 일을 기준으로 하는 자원배분

일은 어려운 것, 평범한 것, 상대적으로 쉬운 것이 있습니다. 회사에서 자원을 분배하는 기준은 일이 아니라 그 일이 주는 생산성이어야 합니다. 일을 기준으로 자원을 나누다 보면 불필요한 곳에 자원이 낭비됩니다. 자원배분은 전략계획의 일부이므로, 회사의 사명과 전략을 다시 살펴보는 작업이 자원배분 의사결정 과정에 포함되어야 합니다.

12 일을 사람에 맞추는 것

일은 정해져 있습니다. 사람이 일에 맞아야 합니다. 다시 말해서 해야 할 일의 성격과 기능에 맞는 사람을 선발하여 맡기는 것이 적재적소의 의미입니다. 어떤 과업을 지휘할 사람을 찾을 때는 그 사람의 성격과 문화가 그 일을 잘 수행할 수 있는 것인지를 보고 그의 강점이 일에 맞는지 확인해야 합니다. 누구를 배치해도 성과가 나지 않는 일은 일자체가 의미가 없거나 할 수 없는 일입니다. 그런 경우 그 일을 버리는 것이 타당합니다. 사람을 버리더라도 일이 남아 있는 한 소용없습니다.

13 정보관리 개인화

업무활동에서 발생하는 정보는 개인소유물이 아닙니다. 그것은 모두 회사의 정보로 관리되어야 합니다. 회사 내부에서는 모든 정보 저장 기능을 개인별 컴퓨터가 아니라 회사 전체의 클라우드로 묶어서 관리합니다. 지식노동자는 언제라도 떠날 수 있는 사람입니다. 생산수단을 자기 머리에 담고 있기 때문이지요. 회사 내부 공용 클라우드에 정보를 저장한다 할지라도 원천 정보를 가진 개인은 회사 외부에 있는 개인 정보저장 루트를 통해서 회사를 떠나서 활용할 수 있으니, 개인에게 정보 획득과 결과 사용의 자유까지 봉쇄하는 것은 아닙니다.

14 주인이 여럿인 이메일

이메일은 누가 일을 해야 할 사람인지 일의 주체를 분명히 하는 것입니다. 수신자는 한 사람이어야 한다는 말입니다. 그럼에도 현업에서 이메일 수신자를 여러 명으로 두거나 아예 팀 전체를 묶어서 교신하는 경우를 볼 수 있습니다. 이것은 자신들 입장에서는 개방적이며 업무효율을 추구한다고 믿겠지만 발신자나 외부자의 입장에서는 누가 처리할 것인지의 기대를 의심하게 만드는 일입니다. 자신이 아니라 고객처지에서 생각해야 합니다. 이렇게 말하면 팀 전체에 정보를 공유시키는 것이 고객을 위하는 것이라고 항변할 것이지만, 그렇다고 고객의 인식이 바뀔 수는 없습니다. 매트릭스 조직의 문제는 그물망이 좁은 것이 아니라 해당 업무의 주인이 없다는 점입니다. 부모가 여럿인 아이에게 진정한 부모란 누군가요. 효율적인 스폰지형 조직 설계는 담당자에게 예고없이 어떤 일이 생길지라도 대신 그 일을 맡아서 처리할 수 있는 사람을 두는 것이지, 실제 업무의 복수 책임자를 두는 것이 아닙니다.

15 지정석

사람들이 일을 통해 성과를 내는 것, 능률에 큰 영향을 미치는 것 가운데 한 가지가 사무환경입니다. 또한 사람마다 개성이 다르기에 개방된 공간, 폐쇄된 공간, 텅 빈 공간, 햇빛이 드는 공간, 조금 어둡게 느껴지는 공간, 바람을 느낄 수 있는 공간 등 취향도 다양합니다. 지정석을 두지 않는 것은 모든 정보가 클라우드 서버에 담겨있고 필요할 때마다 꺼내 일하도록 하는 것입니다. 회사 업무와 개인 업무는 회사 내에서 분리할 수 있어야 합니다. 회사는 개인의 취미생활 장소가 아닙니다. 사무실 책상에 금붕어를 키운다거나 각종 개인 사물을 비치하는 사람들이 있는데, 바람직한 태도는 아닙니다. 또한 개인 방이 있거나 없거나, 책상이 넓거나 좁다는 것으로 직위나 직책을 구분할 이유가 무엇인가요. 지식노동자들은 특히 육체가 아니라 정신이 생산성 도구입니다. 익숙한 것과 결별할 수 있는 것은 버리는 것인 만큼 지정석을 두지 않는 것만으로도 구성원들의 고정관념을 바꿀 수 있고 회사내 정보관리 효율성이 높아집니다. 감추고 싶은 것이 많은 사람, 감추려는 사람은 개방과 투명함이 일반화된 현대 조직 문화에 적합하지 않습니다.

16 출퇴근 시간관리

여전히 몇 시에 사무실에 나왔는지, 언제 퇴근하였는지 시간을 관리하는 회사들이 있습니다. 지식노동자의 성과를 시간의 양으로 평가할 수 있는 시대는 지나갔습니다. 시간관리가 필요한 것은 시간제로 일하는 시간 계약직 노동자에 한정해 불가피하게 적용됩니다. 그리고 생산직 노동자들도 도리없이 시간관리가 필요하겠지만, 그것도 머지 않은 장래에 사라질 것입니다. 단순 노동은 로봇으로 대체될 것이기 때문입니다. 실리콘밸리 기업가운데 유연근무방식, 즉 출퇴근 시간에 자유를 부여하지 않은 기업은 드뭅니다.

17 테이커형 구성원

애덤 그랜트 교수의 책 "기브앤테이크"에 보면 사회구성원에는 기버형, 매처형, 테이커형이 있습니다. 기버형은 이타심이 높고 항상 협력하겠다는 마음을 가진 사람이고, 매처형은 주는 만큼 받아야겠다는 냉정함을 가진 거래형입니다. 반면 테이커형은 주기보다 더 많이 받을 것을 기대하며 자기 것이 나가는 것에 예민합니다. 조직 협력을 해치는 것은 테이커형입니다. 이런 유형은 구성원의 성공을 도와주기 보다는 자기의 성공을 위해 구성원의 성공도 가로챌 수 있는 사람입니다. 만약 리더 가운데 이런 사람이 있다면 그 리더를 가지고 있는 팀원들은 의욕이 상실될 것입니다.

그런 유형은 자기 것 대신 공짜로 줄 수 있는 것이거나 남의 노력으로 자신이 주는 것으로 포장할 수 있는 사람들입니다. 겉으로는 언제나 베푸는 사람인 것으로 포장하지만, 조직에서 가장 해로울 뿐더러 고객에게도 이롭지 못한 유형이며 자기 욕심이 대단한 이기적 유형입니다.

105

할 수 있다면 이런 사람은 처음부터 뽑지 말아야 합니다.

18 하위 성과자 해고

GE의 잭웰치조차도 은퇴하고 나서 자신의 재임기간에 했던 하위 성과자 10% 해고는 잘못된 결정이라고 고백했음에도 여전히 이 원칙을 적용하는 기업들이 있습니다. 하위 10%가 의무사항이라면 그 팀이 아무리 훌륭한 성과를 냈다 하더라도 팀 내 누군가는 화살을 맞아야 한다는 말이 됩니다. 그런 환경에서 구성원간 또는 다른 팀과의 협력이 가능할까요. 이 때문에 매년 성과평가에서 사실과 달리 조작이 일어나고 희생을 강요하는 것은 물론인데다가 진정으로 협력해야 할 조직이 서로 속내를 숨기는 고통을 당하면서 경쟁자끼리의 동침으로 변하게 만듭니다.

국내 대기업에서는 아직도 이 프로그램이 유지되고 있는데, 이 프로그램이 유효하다고 주장하면서 계속하겠다는 경영자는 구성원들의 피를 마르게 하는 것과 다를 바 없습니다. 자신이 아프다고 동료들도 아파야 할 필요는 없습니다. 그런 평가제도를 없애고 그들에게 분발의 기회와 자기 계발 프로그램을 제공하는 것이 올바른 정책입니다. 누군가 기대에 미치지 못하는 성과를 낸다면 그 사람보다는 그 사람을 선발하고 관리했던 상사에게 더 큰 책임이 있지 않을까요. 판교역에 사무실을 두고 있는 HP는 판교역에서 저성과자 해고반대라는 플랜카드를 들고 시위를 하는 HP 구성원들을 비고객이라고 여기는 회사입니다. 이렇게 이익을 위해 구성원들을 괴롭히는 기업은 사회의 응원을 받을 수 없습니다.

6
자원낭비가 일어나는 것과 일어나는 곳

DELETE

지적 자원을 빼고는, 인간에게 주어진 물리적 자원은 모두 한계자원입니다. 시간 자체는 무한하지만, 각자에게 주어진 시간은 유한합니다. 이처럼 언제나 부족한 한계자원으로 어떻게 높은 생산성을 달성하는가 하는 것이 경영의 과업입니다. 새로운 자원을 확보하는 것만큼 이미 획득한 자원을 낭비하지 않는 것은 매우 중요한 조직정신이 되어야 합니다.

1 감시카메라

자율을 바탕으로 자신의 행동과 태도를 관리할 수 있도록 하는 데 그쳐야 합니다. 사무실 안에서는 물론이거니와 매장에서도 구성원들이나 고객 감시를 위해 곳곳에 카메라를 설치하는 것은 고정비만 증가시킬 뿐입니다. 설사 감시 카메라의 기능이 그런 것이 아니고 고객보호를 위한 것이라 주장해도 구성원과 고객은 각자의 처지에서 인식할 뿐입니다.

2 구성원 통제

인간은 통제할 수 없습니다. 자율은 생산성 높은 조직의 필수 조건입니다. 물론, 방만한 자유가 아닌 원칙이 있는 자율을 의미합니다. 육체적, 물리적 통제 만이 간섭이 아닙니다. 정신적 통제도 간섭하는 것입니다. 구성원들의 자유도가 높아지면 창의력과 생산성도 올라갈 수 있습니다.

3 낭비문화 방치

기업이 가진 자원 즉, 사람, 돈, 기술은 언제나 부족한 법입니다. 이런 제한된 자원을 낭비하는 것처럼 무지한 일도 없습니다. 낭비가 꼭 필요한 곳에 생산적 지출로 쓰인다면 기업의 지속생존능력은 높아질 수밖에 없습니다. 비용은 엔트로피와 같아 저절로 줄어드는 법이 없듯이, 습관으로 정착한 낭비 문화는 여간해서는 사라지지 않습니다. 낭비란 저절로 줄어들지 않습니다.

자원이 부족하기에 창업자들을 천재로 만듭니다. 풍부하다는 환경을 버리는 것입니다. 실리콘밸리에서도 수백억, 수천억이나 되는 투자금을 받은 벤처기업이 더 순탄하게 성장하여 성공할 것 같지만, 망하기 일쑤입니다. 부족하면 살 길을 찾기 마련입니다. 부족한 것이 언제나 좋다는 것도 아니고 풍부한 것 역시 언제나 더 나은 결과를 만든다는 보장은 없습니다. 조직문화와 조직정신이라는 마음 자세를 말하는 것입니다. 현금흐름이 이익보다 더 중요하다는 인식은 가지고 있어야 합니다.

매출이 일어나지도 않고 투자만 지속해야 하는 벤처기업 처지에서 현금흐름을 더욱 강화시키는 방법은 비용절감에 앞서 비용예방입니다. 처음부터 생산성 없는 것에 돈을 쓰지 않는다는 기업문화를 정착시키고, 그로부터 확보되는 자원은 생산적인 부분에 지출합니다. 아끼는 목적이 분명하며 그것이 결국 구성원들에게 혜택으로 돌아간다는 약속이 지켜지면 자발적으로 검소한 문화가 만들어지고 그런 요구는 거부감없이 받아들여집니다.

4 다른 구성원의 시간을 낭비하는 것

성과에 어떤 긍정적인 영향도 발휘하지 못하는 일을 팀원에게 요구하는 관리자나 임원은 리더 자격이 없는 사람입니다. 상사가 언제나 현명하다고 볼 수 없습니다. 생각이 모자라는 상사도 차고 넘치는 것이 현실이지요. 상사의 요청이라 어쩔 수 없이 받아들인다 해도 그 때문에 언제나 적자인 시간자원의 낭비를 대체하기 위해서 실무자는 평균노동시간을 넘겨서 일해야 하고, 주말에도 일할 수밖에 없습니다. 밤늦게 사무실에 불이 켜져 있는 것을 보았다면 열심히 일한다고 칭찬하기 보다 왜 그래야 하는지, 회사에서 어떤 업무환경을 만들어 준 건지, 늦게까지 해야 할 업무가 무엇인지 묻는 것이 훌륭한 경영자입니다.

지식노동자는 일을 요구 받으면 자신의 시간자원을 생각해보고 받아들일지를 결정할 수 있어야 합니다. 시키는 대로 무조건 받아들이고는 회사다니기 힘들다고 불평하거나 제대로 마무리를 못하면 고스란히 그 피해를 입는 사람은 지식노동자 자신입니다. 그러나 이것은 용기가 필요한 대응이지만, 그렇더라도 자기의 시간자원이 허용하는가부터 생각하고 결정해야합니다. 따라서, 가장 현명한 대답은 '제가 이 일을 잘 처리할 수 있는 시간 자원이 있는지 확인한 뒤에 말씀드려도 되겠습니까?'라는 질문을 하는 것입니다. "누가 그렇게 안 해보았나, 현실을 모르는 말이야"라고 항변할 수 있습니다. 그렇더라도 실제로 상사에게 이렇게 질문을 하는 것이 아무런 생각없이 "네, 하겠습니다"라고 하는 것보다 자신과 상대의 인식에 조그만 파문이라도 줄 수 있다고 생각합니다. 그리고 그런 파문이 반복된다면 인식에 자국을 남길 수 있다고 믿습니다. 그때 변화가 일어나게 됩니다. 물론, 이런 질문조차 용납하지 못하는 미숙한 경영자나 리더들도 흔합니다. 더욱이 자신이 생산수단을 확보하고 있는 지식노동자가 아니라면 해고가 두려워서 그런 용기를 내기는 어렵습니다. 그러니 이럴 경우는 상사나 경영자가 현명한 사람이기를 기대하는 수밖에 없습니다. 그래서 이것은 누구보다도 상사와 경영자가 알아야 할 일입니다.

5 소비적 비용

비용에는 두 가지가 있습니다. 생산적 비용과 소비적 비용입니다. 비용절감의 원칙은 생산적 비용을 줄이는 것이 아니라 지출해도 아무런 생산성이라고 없는 소비적 비용을 줄이는 것에 초점을 맞추어야 합니다. 생산적 비용은 줄일 것이 아니라 더 생산성을 높이려면 오히려 지출을 늘려야 하는가를 확인해야 합니다. 에너지가 부족하면 처음부터 필요했던 기대를 충족시키지 못할 가능성이 더 많습니다.

6 지나친 배려

구성원들에게 기준도 없이 그저 좋은 사람이라는 말을 듣는 것이 훌륭한 경영도 아니고 올바른 경영자의 모습도 아닙니다. 지나친 배려는 조직문화를 퇴보시킵니다. 구성원들을 아마추어가 아닌 프로페셔널 전문가로 육성하는 것은 경영자의 임무입니다. 즉흥적인 배려보다는 올바른 기준을 정하고 그를 따르도록 하는 것이 조직문화가 단단한 회사들이 하는 방식입니다. 경영자는 존경받을 수 있는 사람이어야 합니다. 좋다는 것은 무엇이 좋은 것인지 각자 처지에 달려 있으니 기준이 될 수 없습니다. 지나친 배려보다는 구성원들을 괴롭히지 않는 경영자가 더 훌륭한 사람입니다.

7 지나친 출입보안 과정

실리콘밸리에서는 볼 수도 없는 일이지만, 한국에서 대기업과 미팅을 하기 위해 방문해 보면 출입보안 때문에 그냥 허비하는 시간이 20분이 더 걸릴 때도 있습니다. 특히, 미리 방문등록이 되어 있지 않다면 회사내 미팅 상대자가 방문과 미팅 관리 시스템에 들어가서 등록과 승인을 받아야 다음 절차로 넘어갑니다. 구성원들의 시간을 관리하고 회사의 기밀누설을 방지하겠다는 것이 목적이라고 하겠지만, 오히려 구성원과 방문객들의 시간을 갉아먹는 것은 무시하는 처사인 것만은 틀림없습니다.

7
조직문화, 사명 그리고
사회윤리에 어긋나는 것

DELETE

실리콘밸리의 기업가들은 그럴듯한 제안이 들어와도 조직과 자신의 강점이 아니거나 경험이 없어 잘 모르는 분야에 대해서는 고민하지도 않고 거절합니다. 사업이 아무리 어려워도 자신이 기존에 집중해왔던 사업에서 눈을 돌리거나 초점을 분산시킬 생각은 잘 하지 않습니다. 창업 때 가진 자신의 사명과 다르다면 선택하지 않는 것이지요.

도덕성이나 윤리의식이 부족한 조직일수록 하지 말아야 할 일에 열심입니다. 그것이 다른 사람들이나 사회에 이롭지 못하다는 것은 무시하고 자신들에게 이익이 된다면 부끄러움이나 두려움도 없이 실행합니다. 그런 사람들을 철면피라고 합니다. 그러나 그런 일들은 잘하면 잘할수록 앞으로 감옥에서 보내야 할 시간이 늘어날 뿐입니다. 요행이 감옥행을 피했다 하더라도 양심의 초침소리와 역사가들의 평가까지 피할 수는 없습니다.

1 갑질

하청업체를 파트너로 여긴다면 무엇보다 그들이 하청업자라 하더라도 상황에 따라 행동을 달리해야 합니다. 법적으로 정당하고, 윤리적으로 옳다고 하더라도 상대에게 상처 입히지 않는 것이 더 높은 수준의 리더십입니다. 비즈니스 상 어떤 관계이든 상대에 대한 기본적인 배려와 파트너십을 유지해야 합니다. 그렇게 하면 자신도 마음이 흡족하지 않겠습니까. 이런 행동으로 협력사로부터 바가지를 썼다거나 무시당했다는 경우는 듣지 못했습니다.

2 개인취향 간섭

무엇을 입든 어떤 신을 신든 구성원들의 자율로 맡겨야 합니다. 생산라인이나 건설현장 등의 특별한 환경에서라면 몰라도 일반사무직인 경우 일일이 간섭하는 것은 그로부터 얻을 수 있는 것이 없습니다. 사장이 보수적이며 고루할수록 이런저런 요구를 하는데 그것은 사장의 취향일 뿐 구성원들에게 강요할 수 있는 것이 아닙니다. 구성원들은 이미 성인이고, 그들이 어떤 선택을 하든 그들에게 맡겨야 합니다. 그것이 개성을 말살하지 않고 존중하는 방식입니다. 개성 말살로 획일화된 조직에서 볼 수 있는 것이라고는 강요된 충성심, 창의성 없는 예스맨과 줄서기 정치만 남을 뿐입니다.

인간은 개성이 있기에 남다른 성과를 내는 것입니다. 조직에서는 오히려 개성을 권장해야 함에도 획일적 사고와 경영자의 편견에 사로잡혀 몰개성을 강요하는 것은 인권침해입니다. 구성원이 무슨 옷을 입든, 어떤 디자인의 신을 신든 간섭해서는 안됩니다. 간섭할 수 있을 때는 그의 직무가 회사의 고객서비스 기준을 벗어나기에 허용할 수 없는 경우 뿐입니다. 예를 들어 동료나 고객이 불쾌감을 느낄만큼 진한 향수를 뿌리는 것처럼 개성 존중의 범위를 넘어버린 경우가 그것입니다. 이런 것까지 개성이라는 이름으로 자유를 주어야 하는 것은 아닙니다.

3 경영자의 교만과 진정성 없는 리더십

경영자는 두 가지를 질문해야 합니다. '내가 공헌할 것은 무엇인가', 그리고 '나는 어디에 속해야 하는가'입니다. 일본 혼다의 창업자는 "경영자는 전지전능이 아니므로 자신도 강점기반에서 일해야 한다"는 것을 일찍이 간파한 사람입니다. 혼다는 세계2차 대전 직후인 1947년 일본 동경에서 창업했는데, 그는 처음부터 자신이 공헌할 수 있는 것과 어디에서 기능을 발휘해야 할지 알고 나서는 자신은 생산과 연구를 맡고, 다른 기능은 파트너인 후지사와 다케오를 영입해서 맡기게 됩니다.

직위가 높은 사람들은 하향식 의사소통에 익숙합니다. 업무라면 자신이 더 경험이 풍부하고 잘 안다고 생각하는 것이지요. 하지만 더 잘 알 수 있는 사람은 상사가 아니라 지식노동자인 실무자일 것입니다. 과거 경험이 지금도 유효한 것이 얼마나 될까요. 날마다 학습하지 않으면 변화 속도를 따라가기 어려운 시대에 살고 있습니다. 상대가 인식하는 것을 충분히 듣고 이해한 바탕에서 자기 생각을 전달하는 것이 의사소통입니다. 일방적인 의사소통은 폭력과 다를 바 없는데, 자수성가한 창업자가 특히 그런 경향이 강합니다. 기업경영의 최종 목적은 사회에 이로운 일을 하는 것으로 경영자의 교만과 오만은 그와 연관된 많은 사람들에게 폭력이 될 수 있습니다.

4 고용청탁허용

사회의 공정성과 투명성은 사회 전체가 요구하는 기준입니다. 이를 무시하고 회사에 득이 된다는 것을 구실로 정치인의 취업청탁을 받아주거나, 경영자나 고위 임원들의 취업부조리를 허용하는 조직은 부패에서 벗어날 도리가 없습니다. 최고경영자는 고용청탁에 대해서는 단호하게 기준을 밝히고 어기는 경우 원스트라이크 아웃으로 정리해야 구성원들이 당당하게 자신의 과업에 책임지는 사람이 됩니다. 이것은 내부만이 아니라 외부 시장과 고객에게도 같은 메시지가 전달되므로 기업의 사회적 신뢰를 높이는데 보탬이 됩니다.

5 교양이 없는 것

블루칼라건 화이트칼라건 글로벌 시대입니다. 모든 구성원은 밖으로 나가는 순간 회사를 대표하는 사람들입니다. 회사 안에서도 구성원 간 이루어지는 언행에 교양이 없다면 제품에도 그런 태도가 반영되지 않을까요. 말은 행동을 지배합니다. 위험한 작업장이라 하더라도 교양을 유지하면서 안전하게 할 수 있는 방법은 많습니다. 경영자가 하루가 멀다하고 반말에 욕설을 내뱉고 구성원들의 인격을 무시하며 무례하게 대하는 것은 결코 리더십이 아니며 자랑이 될 수 없습니다. 그때문에 성과가 오른다는 증거도 없으며 오히려 이직률만 높아질 뿐이고 구성원들 처지에서는 심리적 위축에 비굴한 마음이 생기게 됩니다. 그로부터 빚어지는 스트레스는 해고가 두려운 구성원들이 모조리 감수하든지, 외부 누군가 또는 어딘가에 풀 수 밖에 없는 법입니다. 그 여파가 가정에도 미치게 됩니다. 교양 있는 언행에 기분 나쁘다는 말을 들어본 적은 없습니다.

6 구성원간 접대

구성원들끼리 즐기면서 고객 접대로 비용을 청구하는 일은 완전히 제거해야 합니다. 이것을 허용하는 것은 구성원의 도덕적 해이와 윤리의식을 망가뜨리는 일입니다. 이를 어겼을 경우에는 예외없이 처벌받게 된다는 것을 강력하게 실행해야 합니다. 여기에 때가 되면 상사에게 인사한답시고 선물을 들고 방문하거나 선물을 보내는 행위는 뇌물로 규정하고 없애야 합니다. 만약 그런 것을 요구하는 상사가 있다면 즉시 해고해야 하는 것은 물론입니다. 상사는 즐거울지 모르겠지만 그렇게 해야 하는 구성원은 경제적 부담을 지게 되고 그렇게 해서라도 혜택을 보겠다는 그릇된 인식을 가진 구성원들은 조직에 해를 끼치게 될 것입니다.

이런 일은 국내기업이나 글로벌 기업이나 다를 바 없습니다. 한국내 글로벌 기업에서는 더 심하다고 할 수 있습니다. 윤리규정이 철저하지 않은 조직은 해외 본사에서 온 사람들을 상대로 지나친 접대비용을 사용하는 경우가 흔합니다. 그런 비용은 누군가 부담하게 되는 것이지 그저 생기는 것이 아니며, 그 결과는 회사의 현금흐름 악화이거나 고객이나 파트너에 대한 비용전가입니다. 결국 회사와 고객에게 해를 입히는 일입니다.

7 꼰대문화

꼰대 문화는 조직에 이롭지 못한 과거형 언행을 말합니다. 부산도시가스 박현석 팀장의 경험과 다른 관점을 공유합니다.

꼰대란 '자신이 항상 옳다고 믿는 나이 많은 사람'이란 뜻으로 권위적인 사고를 가진 어른이나 선생님을 비하하는 학생들의 은어로 사용되다 직장에서 상사를 대변하는 단어로 사용되고 있는 말입니다.

신임팀장으로 보임되어 일하다가 구성원들로부터 꼰대라는 피드백을 받았습니다. '꼰대'는 벌써 지나간 선배들 이야기인 것으로 치부하였기에 이 평가는 당황스럽기도 하지만 인정하기도 어려웠습니다. 조심스레 "꼰대 버리기"를 구글링해 보았습니다.

1. 추억팔기 금지
2. 말하기보다 듣기에 집중
3. 조언 대신 공감
4. 깊이 있는 사적인 질문 금지

5. 말보다 실천

등등 많은 내용이 꼰대의 특징이며, 꼰대를 버리기 위하여 해야 될 행동을 정의하고 있었습니다. 평소에 알고 있던 의사소통 방법 등과 크게 다르지 않기에, 구성원들과의 대화나 회의 및 팀 활동 중에 나의 행동을 돌아보았습니다. 버려야 할 대상으로 꼰대라 정의하였습니다.

스스로 경영자라는 생각을 가지고 구성원들과 소통하며 맡은 과업을 재확인하고 책임을 기반으로 소통하니 한결 팀장의 역할에서 가벼워짐을 느끼게 됩니다. 구성원 또한 명령이나 지시가 아닌 자신의 일을 통해 물질적 차원을 넘어 심리적, 사회적 만족감을 얻고, 목표 성취를 통해 더 나은 삶을 창조할 수 있기를 기대하게 되었습니다.

팀 전체 분위기 또한 '꼰대'라는 반목적인 형태에서 벗어나 진정 '우리'라는 통합된 전체를 보는 안목이 생겼으며 개개인이 맡은 책임과 실천이 팀 전체의 성과창출로 연결되어 구성원 전원 포상과 팀 성과포상 등 훌륭한 성과를 나타내는 기준이 된 것입니다.

우리 사회가 '꼰대'라는 명칭으로 시대의 요구에 부응하지 못하는 권위적이고 강압적인 어른이나 선생님에게 "잘 해달라"는 요청을 하는 것은 당연한 것이라 생각됩니다. 그 조직에 몸 담고 있는 구성원들 또한 리더에게 '경영에 대한 책임'을 요구해야 합니다. 즉 '꼰대'라는 부정적인 고정관념 버리기'를 통하여 리더들의 심적 부담과 의욕저하 및 곧 조직에서 우리와는 맞지 않는 사람이라고 선을 긋는 것이 아니라 '편견을 버리는 꼰대 리더십'으로 리더로서 책임과 직능을 요구하여 진정성 있는 책임공동체를 만들 수 있습니다.

꼰대란 무엇보다도 말이 많다는 겁니다. 조직의 미래 주역인 청년들은 간단명료한 것을 원합니다.

8 불투명 경영

경영자가 임원을 위주로 회사를 운영하는 모습을 보인다거나 조직 내 특별한 사람과만 친밀하게 지내는 모습은 구성원 간 마음의 칸막이를 세우는 것이며, 그 관계에 포함되지 못한 사람들에게는 소외감을 주는 일입니다. 특히 소수 임원만을 상대로 마치 친구처럼 어울리는 행동은 위험합니다. 회사는 냉정함을 잃어버려서는 제대로 기능을 발휘할 수 없는 곳입니다. 협력이 활발한 조직일수록 정보공유와 유통이 풍부합니다. 경영을 투명하게 하면 구성원들이 상상할 필요가 없습니다. 소수 경영진 끼리끼리의 풍토는 이로울 것이 없고, 언제나 은밀함을 만들어 위기를 자초하게 됩니다. 무한영역을 채운 우주의 어두움도 단 한줄기 빛을 이기지 못하고, 곰팡이는 유리창을 통해 들어오는 햇살에 굴복하는 법입니다. 모든 분야에서 투명성을 규정하는 조직에서는 인간의 단점과 약점이 조직의 강점 발휘에 방해가 되지 않도록 예방하는 강력한 예방주사입니다.

애플에서는 팀원들이 참석한 가운데 정기적으로 프로젝트 리뷰미팅을 발표와 질의응답식으로 진행합니다. 그런데 여기서 그동안 자신이 어떤 성과를 냈으며 무엇을 했는지를 공개하는 기회이므로 책임을 다하지 못한 사람은 여지없이 노출됩니다. 목표, 성과, 피드백을 공개하므로 숨길 수 있는 것이 없고 불공정이나 부당한 평가는 발붙이지 못합니다. 평가도 이렇게 공개적으로 한다면 불공정 평가에 따른 불만을 줄일 수 있습니다. 아울러, 정기적으로 타운홀 미팅이라고 하여 경영 상태 공개기회도 정기적으로 해야합니다. 공개는 감추는 것보다 조직 생산성에 훨씬 이로운 방법입니다.

인간의 본성에는 선과 악이 존재하며 선한 사람일지라도 실수를 하거나 의도와는 다른 행동을 할 수 있다는 가능성을 염두에 두어야 합니다. 그 때문에 리더의 의도치 않은 탈선을 제어해 줄 장치가 필요한 법이고, 가장 효과적인 방법은 은폐할 수 없도록 하는 것입니다. 불행한 사건은 투명하게 창문을 열어놓아 도둑이 들어오는 것 때문이 아니라 빈틈없이 막아 놓았다고 하는 내부에서 일어나는 법입니다.

9 사명무시

최고 경영자부터 최하위 구성원까지 회사의 사명이 무엇인지 명확하게 공유할 수 있어야 합니다. 사명은 목표를 만들고 그에 따른 전략계획이 수립되면 이제 그 결과를 창조할 수 있는 조직이 구성되는 것입니다. 사명이 무엇인지 모르고 일만 한다면 착륙할 곳이 어딘지 모르면서 비행하고 있는 것과 다를 바 없습니다. 그 결과는 목적지 착륙이 아니라 추락입니다.

조직의 사명과 어긋나는 행위는 금해야 합니다. 가장 극명한 예로 '지구환경을 개선하는 것'이 사명인 기업이 있다고 할 때, 그 기업이 환경개선 활동을 한답시고 엄청난 쓰레기를 배출하는 일은 사명과 어긋나는 것입니다. 그런 기업이 잘 될리 없습니다. 또는 매연을 내뿜는 대형 트럭을 몰고 시내를 돌아다니면서 '공해를 줄입시다'라고 하는 가두홍보와 다를 바 없습니다.

10 사장에 대한 지나친 보상

사장 한 사람이 탁월한 성과를 냈다고 말할 수 없습니다. 설사 탁월한 성과를 냈다고 하더라도 그것이 사장의 임무입니다. 그렇기에 다른 구성원들보다 월등히 많은 보상을 받는 것이지요. 그러나 사장이 구성원들의 평균 급여 대비 20배를 넘는 월급을 받는 것은 정당하다고 할 수 없는 도덕적 해이입니다. 이 수치는 드러커가 제시한 것입니다. 사장은 주식배당금 등 기타 보상이 주어집니다. 그것으로 충분하지 않겠습니까. 사장의 과도한 보상은 다른 구성원들에게 향상의 동기가 되기보다는 기를 쓰고 올라 가야겠다는 잘못된 동기와 높은 자리에 올라가지 못했을 때 좌절감과 조직문화에 대한 비난거리를 주게 줍니다.

11 인본주의를 무시한 현실적 행동

곤란한 상황에 처했을 때 현실적 의사결정을 내립니다. 그러나 상대 처지에서 또는 고객처지에서 생각하는 것이 윤리적 행동입니다. 법적으로 아무리 자신이 정당하다고 해도 윤리적으로 생각하면 상대의 처지를 이해하고 수긍하는 것이 바르다는 판단이 들 수 있습니다. 그런 경우 주저없이 현실적 행동을 버려야 합니다. "무슨 소리야, 나는 법대로 했을 뿐이야"라고 당당하게 말할 수 있겠지만, 그 법이란 것도 인간이 만든 것입니다. 그 법을 만든 사람들이 모두 현명하거나 이타적인 마음을 가진 사람이라고 할 수 있을까요. 언제나 사람이 중요합니다. 현실적으로는 응급실에 들어오는 환자가 당장 돈이 없더라도 윤리적인 생각을 한다면 우선 목숨은 살려야 하는 것입니다. 미국은 의료보험 제도가 훌륭한 나라는 아니지만, 응급실에 들어오는 환자는 어떤 경우든 우선 치료부터 한다는 것을 원칙으로 합니다.

12 소극적 칭찬

칭찬은 고래도 춤추게 한다는 말이 있습니다. 구성원들이 일에서 보람을 느끼는 경우는 두 가지입니다. 동료나 상사로부터 인정받는 것과 고객으로부터 고맙다는 말을 듣는 것입니다. 자신은 한다고 열심히 했는데 성과를 내지 못할 수도 있습니다. 심지어 실수할 수도 있지요. 그러나 그렇다고 나무라는 것은 올바른 리더가 아닙니다. 그가 잘한 것이 무엇인지 호기심과 관심을 가지고 주저없이 진심으로 칭찬해야 합니다. 그런데 이런 칭찬에 인색해서는 그 구성원이 더 큰 성과를 내겠다는 의욕을 자르는 것입니다. "굳이 말하지 않아도 이심전심으로 통합니다. 다들 성인들인데 눈빛만 보아도 알 거 아닙니까. 그리고 나중에 포상하면 되지 않겠어요"라고 말하는 경영자도 있습니다. 그러나 쇠는 달구어졌을때 내리쳐야 하는 법이고, 모든 인간은 나이와 관계없이 칭찬받는 것이 기분 좋은 일입니다.

13 실적저하 원인을 외부 탓으로 돌리는 것

해마다 실적이 떨어지면 자신과 내부에서 원인을 찾고 분발할 수 있는 동기를 만들기보다, 외부 시장, 외부 환경, 정부정책, 경쟁사에게서 구실을 찾는 기업들을 많이 봅니다. 외부는 이익센터고 내부는 비용센터입니다. 외부는 고객이 있는 곳입니다. 우리 기업의 실적이 나쁘다고 화살을 고객에게 돌릴 수는 없는 법입니다. 어떤 경우에도 외부환경에 잘못을 넘겨서는 안됩니다. 그것은 프로페셔널의 자세가 아니며 구성원들에게는 어떤 도움도 되지 못합니다. 구성원들이 그런 보고서를 낸다고 해서 경영자가 맞장구치며 "맞아, 나도 그렇게 생각하네"라고 동조하면 심리적 패배감과 핑계거리는 반복됩니다. 그런 보고는 단호하게 "그건, 아니네"라고 하고 팽개쳐버려야 합니다.

14 실패를 비판하거나 부정적으로 평가하는 것

실패는 도전의 산물입니다. 혁신은 성공가능성보다 실패가능성이 높은 것입니다. 실패를 평가기준으로 하면 위험을 무릅쓰고 혁신 도전에 자청할 사람이 나오지 않습니다. 업무 수행에서 일어난 과오는 평가 대상이라기 보다는 경험으로 받아들여야 합니다. 실패를 좋아할 사람이 어디 있을까요. 그런 실패 가능성이 있더라도 용기를 가지고 도전한 사람은 가치 있는 사람입니다. 평가 대상은 그 용기이지 실패라는 결과가 아닙니다. 그러나 같은 실패를 같은 방법으로 했다면 따져볼 이유가 됩니다. 그런 것까지 긍정적인 실패라고 인정할 수는 없습니다.

실리콘밸리에서 실패한 창업가나 기업가에게 재기하지 못하도록 막는 것은 없습니다. 다시 도전할 것인지 포기할 것인지는 자신에게 달려 있을 뿐입니다. 실패한 사람이라고 해서 평가절하하거나 재도전의 기회를 막을 이유도 없습니다. 그런 사람은 오히려 실패를 통해 성공할 수 있는 정보를 한 가지 획득한 것입니다. 오늘 미지의 과제와 해결책이 보이지 않는 문제에 도전하는 것이 필요합니다. 이렇게 하지 못하는 조직은 살아남을 수 없습니다. 아무리 규모가 큰 대기업이라도 위험을 감수하고 혁신에 나서지 못한 기업들은, 작아도 혁신의 결과로 등장하는 기업에 의해 퇴출당하게 됩니다.

도전을 두려워하는 문화가 가장 두려운 것입니다. 도전없이 더 나은 세상으로 전진한 역사는 없습니다. 도전은 용기가 필요하므로 도전자는 누구보다도 훌륭한 사람으로 대접받아야 합니다. 그러니 그런 위험한 도전이 실패로 끝났다고 저평가하거나 불이익을 주어서는 안됩니다. 오히려 실수를 저지르지 않는 사람은 그저 상사가 시키는 대로 하는 안전주의자일 가능성도 높습니다. 주어진 기준을 넘어서는 도전을 할 수 있는 사람이 진정한 인재입니다.

일본 혼다자동차의 혼다 소이치로가 한결같이 요구했던 것은 "꿈을 가질 것, 끊임 없이 도전할 것, 어떤 일이 있어도 그 꿈을 단념하지 말 것"이었습니다. 그는 실패를 권장하면서, 실패하지 않은 사람은 성공할 수 없다고 했습니다. 경영자의 이런 단호하고도 적극적인 지원이 용기를 발휘하여 혁신에 도전하게 만드는 에너지입니다. 혼다에서는 '실패왕'이라는 제도를 만들어 실패를 권장하고 있습니다. 실패를 통해 더 나은 것이 탄생하는 법입니다. 넘어지고 않고 자전거 타는 법을 배울 수는 없습니다.

페이스북에서는 "시도해 보는 것이 완벽한 것보다는 낫다"는 표어가 사무실 곳곳에 붙어 있습니다. 인쇄용 소프트웨어 강자인 어도비에서는 성공하기 위해서는 잘 실패하는 것이 중요하다는 것을 강조하며 아이디어를 가진 사람이라면 누구나 시도해 볼 수 있도록 '킥박스'라는 혁신프로그램을 레드박스로 실행합니다. 여기에는 여러가지 도구와 천 달러짜리 스타벅스 쿠폰까지 들어가 있는데, 아이디어가 실패해도 아무런 책임을 묻지 않습니다.

사실 이보다 더 중요한 것은 지식노동자 자신의 도전의욕입니다. 창업하겠다고 말하고는 1년이 지나도 실패가 두려워 행동으로 옮기지 못하고, 준비만 하는 완벽추구자 보다는 실행 후 실패하는 것이 더 가치 있습니다. 그런 사람은 아무리 완벽하게 준비한다고 해도 고객이 아니라 자기생각으로 시작하는 것이기에 성공할 가능성이 더 희박합니다.

성공은 내부에 있는 것이 아니라 외부 시장과 고객이 결정하는 것입니다. 실패는 피해야 할 죽음의 계곡이 아니라 거쳐야 할 필수 과정이라고 해도 지나치지 않습니다. 실리콘밸리에서 투자자들이 확인하는 것은 창업자가 창업 경험이 얼마나 있으며, 실패했더라도 그 실패에서 무엇을 배웠는지에 가치를 두고 투자판단 요소로 여깁니다.

구글은 실패조차도 의미가 있다고 인정되면 인센티브를 지급하는 방식을 택하고 있습니다. 통신네트워장비의 자이언트인 시스코는 이노베이션 케털리스트를 운영하고 있고, 그 외에도 우버의 워케이션, 애플의 블루스카이, 드롭박스의 핵위크 등 혁신기업들은 예외없이 실패 권장 문화를 적극적으로 유지하고 있습니다.

15 의견 제시에 차등과 장벽을 두는 것

창의적 조직은 개선, 발전, 혁신을 위한 제안에 제한을 두지 않습니다. 내부와 외부에서 어떤 생각이라도 들어보는 것이 유익합니다. 양이 충분할 때 질이 좋아지는 법입니다. 전 직원이 어떤 아이디어도 자유롭게 드러내도록 시스템으로 만들어야 합니다. 제안 내용과 관계없이 한 건당 2천원에서 5천 원을 주는 시스템을 만들 필요가 있습니다. 그렇게 하다 보면 기업 문화로 자리잡을 수 있을 것이고 적은 돈이지만, 조직이 구성원들에게 제공해야 할 3가지 요소인 재미, 감동, 유익을 모두 줄 수 있는 방법입니다.

16 질문으로 확인하지 않고 상상하는 것

지금까지 하던 일을 오늘도 하는 것은 당연히 필요합니다. 그것은 습관이며 경영입니다. 그러나 지금까지 해왔던 것에서 더 이상 성과가 나지 않거나, 오히려 그 이유는 모르겠지만 성과가 떨어지는 일이 생길 수 있습니다. 이때는 성과를 내기 위해 사용해왔던 도구가 더 이상 효력을 발휘할 수 없는 것인지 점검할 필요가 있습니다.

더불어 제로베이스 사고를 도입하여 "만약 내가 다시 결정할 수 있다면 지금 하던 일을 계속할 것인지" 물어보는 것입니다. 이 질문은 자신에게 하는 것이지만, 가족과 조직 내 구성원들에게도 해야 합니다. 이 질문을 3개월에 한번씩 주기적으로 하는 것만으로도 자신이, 조직이, 회사가 어긋난 체로 가고 있는지 살펴볼 수 있고 진로를 바로잡을 기회를 얻을 수 있습니다. 경영은 여객기 운항과 유사합니다. 매번 항로 수정을 통해서 목적지로 바로 잡으며 가는 것입니다. 그 기회란 바로 삶의 좌표가 어긋나지 않았는지, 본래 바라던 방향으로 가고 있는지 돌아볼 수 있는 계기가 됩니다. 유일한 방법은 노력이 아니라 올바른 '질문'입니다.

17 최대이익 추구

이익 극대화는 기업의 사명이 아닙니다. 그보다 중요한 것은 고객만족입니다. 이익 극대화를 목표로 성과를 평가한다면 고객만족과는 멀어지게 되고 고객은 비용절감의 대상이나 잉여 이익창출의 대상에 그치게 될 뿐입니다. 언제나 돈벌이의 대상이라는 느낌을 받는 고객이 충성고객으로 남을 가능성은 적습니다. 사실 충성고객이란 없습니다. 고객은 군인이 아닙니다. 자신에게 이롭고 좋아한다면 응원고객, 열광고객은 될 수 있지만 충성하지는 않습니다. 고객은 지식노동자와 같아서 경제적, 정신적으로 더 많은 이익을 얻을 수 있는 공급자가 등장하면 언제라도 떠날 수 있습니다.

18 하향식 소통

의사소통에서 결정권자는 말하는 사람이 아니라 듣는 사람, 즉 수신자입니다. 아무리 강력한 안테나를 설치하고 방송해도 수신자가 원하는 채널에 맞추었을 때 방송을 듣는 것입니다. 직위가 높다고 확성기를 대고 떠들어도 듣는 사람이 선택했을 때 소통의 일부로 인식되는 것입니다. 따라서, 소통은 하향식이 아니라 상향식으로 진행될 때만이 의미가 있는 것입니다. 상향식 소통이 원활하게 이루어지려면 직위가 높은 사람일수록 열린 마음으로 상대가 말하는 것을 끝까지 들을 줄 아는 사람이어야 함은 물론이고, 어떤 내용을 듣고 보더라도 그에 따른 불이익이 없다는 전제가 있어야 가능합니다. 결국, 상사의 인성과 인격적 태도가 소통의 농도를 결정합니다. 그게 아니라면 상사는 벌거숭이 임금이 되기 십상입니다.

19 화합을 해치는 사람

조직에서 가장 해로운 사람입니다. 언제나 상사를 비난하고 다른 구성원들에 대한 약점과 험담이 일상인 사람은 지체없이 제거해야 합니다. 그것은 습관이자 굳어진 부정적 사고이므로 개선될 수 없습니다. 이런 사람을 방치하면 조직내 정상적인 사람, 긍정적인 사람들도 감염되고 말게 될 것입니다. 조직은 지속생존하고 성장해야 하는 곳입니다. 바이러스가 저절로 사라질 때까지 기다릴 수 없는 법입니다.

20 환경훼손

애플은 환경보호가 회사의 기본 원칙입니다. 팀쿡 사장이 관심을 가지는 투자도 지구환경에 이로운 것을 우선으로 합니다. 지구환경보호는 경영의 일부분이 된 지 오래이며, 제품자체뿐만 아니라 제품 생산의 전체 공급망까지 환경훼손을 최소화할 수 있는 방안을 연구하고 대응하는 기업이 살아 남게 됩니다. 환경보호는 특별한 것이 아니라 당연한 것으로 구성원 전체가 현업에서 인식하고 실행해야 합니다.

캘리포니아, 그 가운데서도 실리콘밸리는 환경에 매우 민감한 지역입니다. 삶의 질을 위해서라면 기꺼이 돈을 더 내겠다는 사람들이 많습니다. 이런 곳에서 환경을 해치는 일은 어떤 것도 허용되지 않습니다. 애플도 2017년 8월 비행접시 모양의 제2캠퍼스를 100% 그린에너지 기반 운영시설로 완공했습니다. 지역주민과 고객요구에 적극적으로 대응한 것이지요. 모든 선진국들이 그런 압력을 받고 있지만, 사회적 요구를 받기 앞서 기업 스스로가 환경보호를 기업의 의사결정 원칙에 담아야 합니다. 그런 기업들이라면 고객들로부터 격려와 응원을 받기에 망할 가능성이 적습니다. 고객을 위하는 일이 곧 자신을 위하는 일임을 명심해야 합니다.

21 회식문화

퇴근 후 구성원들을 모아서는 단합한답시고 회식을 자주 여는 관리자들이 있습니다. 그런 모임에 참여하고 싶지 않아 가겠다는 구성원을 팀화합보다는 개인생활을 중요시한다고 간접적으로 비난하기도 합니다. 심지어는 성과평가에 얼마나 회식에 자주 참석하는 지가 중요한 요소로 간주됩니다. 이런 조직의 관리자를 방치하는 경영자는 그런 조직문화를 지지하는 사람으로 인식할 수밖에 없습니다. 퇴근 후야 말로 진짜 삶이 시작된다는 말도 있습니다. 현대사회에서 지식노동자는 휴식과 학습시간을 충분히 확보하기 어렵지요. 그런 상태에서 불필요한 회식에 구성원 참여를 독려하는 분위기를 만드는 사람은 쓸모 없는 관리자입니다.

SA 04
버리기 실행

1
누가 주도할 것인가

조직에서 버리기를 주도해야 하는 사람은 구성원들로부터 투명하고 공정하다는 믿음을 받는 리더 가운데 선발해야 합니다. 믿음은 두 종류가 있습니다. 신뢰와 신용. 신뢰는 과거가 아니라 현재 상황에 대하여 그가 어떤 말과 행동을 하는가로 판단할 수 있습니다. 그가 과거에 '어떤 사람이었는가' 하는 것이 변하지 않고 지속되기 어렵고 사람이란 변하기 마련입니다. 그러나 과거 그의 이력이 말할 수 있는 것은 신용카드와 같은 신용입니다. 우리는 객관적인 정보인 그의 신용으로 그가 어떤 사람인지 가름할 수 있을 뿐입니다. 그래야 사람들의 존경을 받을 수 있고, 그가 해야 하는 버리는 작업이 구성원들로부터 응원을 받을 수 있습니다.

버리기는 혁신작업이며 혁신의 전초전일뿐 아니라 혁신활동의 일부입니다. 또한 최고경영자의 공개적인 지원 및 책임과 권한을 가진 사람이 맡아야 합니다. 의도적인 버리기는 구성원들의 반발과 저항을 피하기 어렵습니다. 그런 걸림돌들을 극복하고 실행에 옮기려면 단호한 결심과 용기가 뒷받침 되어야 합니다. 그런 자질을 갖지 못한 사람을 이 과업의 리더로 임명해서는 안됩니다. 그런 사람이라면 처음엔 열정과 자신감을 가지고 시작하더라도, 구성원들로부터 끈질긴 저항과 압박을 받고서는 하나둘씩 버려야 할 대상을 축소하고, 마침내는 처음 목표에서 벗어나 타협과 합리화 과정을 거친 뒤 흐지부지하고 말것이기 때문입니다.

그러나 무엇보다 가장 중요한 선발요소는 버리기에 대한 철학과 신념이 강철처럼 단단한 사람이어야 합니다. 과거가치 또는 자신의 경험가치를 모든 것의 기준이라고 맹신하는 임원이나, 그저 사람 좋다는 말을 듣고 있는 임원이라면 자격이 없습니다. 좋은 사람이라는 것은 지극히 주관적인 것입니다. 그의 무엇이 어떻게 좋은지 알아야 합니다. 버리기는 때로는 파괴적 혁신에 버금가는 충격을 줄 수 있는 것인데, 이런 진취적인 임무를 그런 사람들이 앞장서서 완수하기는 불가능에 가깝습니다.

2
얼마나 자주, 얼마나 오래 해야하는가

버리는 과업에 기한을 정할 수 없고, 조직내 문화로 자리잡기 위해서는 날마다 실행-피드백-적용(후속조치)-실행을 반복해서 습관으로 만들어야 합니다. 경영은 일회성이 아니며 습관입니다.

우선 12개월을 전체 실행주기로 합니다. 3개월 단위로 피드백을 받아서 프로그램에 적용하고 실행을 반복하는 것입니다. 해마다 연차보고서에 버리기 성과를 포함시켜 기업의 내부와 외부 모두가 버리기의 중요성을 인식하도록 만듭니다.

조직내부는 비용센터입니다. 이익은 외부에 있지요. 버리기 목적 가운데 한 가지는 비용센터에서 일어나는 것으로 생산성을 발휘하지 못하는 것들을 제거하는 것이며 그로부터 확보한 자원을 혁신에 투입하려는 것입니다. 지속적인 반복이 핵심입니다.

3
누가 참여해야 하는가

DELETE

전사적인 행동이어야 합니다. 버리는 과업에 열외는 허용할 수 없습니다. 버리기의 주체도 예외가 되어서는 안됩니다. 그러므로 최고경영자의 확고하고도 공개적인 선언이 있어야 합니다.

구성원 모두가 참여해야 하고 합의된 것은 수용해야 합니다. 예외란 없지만, 예외를 허용해야 하는 한 가지는 이미 혁신을 주도하고 있는 혁신 팀인 경우입니다. 버리기가 혁신의 전단계 활동이기는 하지만 혁신으로 연결하는 것이 최종 목적이므로 진행하고 있는 혁신팀에 방해가 되어서는 안됩니다. 그것이 설사 혁신팀과 인식, 기능(일), 문화면에서 차이가 있다 하더라도 혁신이 끝난 뒤 반영하면 됩니다. 때로는 혁신팀인 경우 버리기 목록에 있는 상당부분을 제거한 경우가 많습니다. 궁금하다고 해서 이미 뜸들이고 있는 압력밥솥의 뚜껑을 열어서는 안된다는 말입니다.

버리기 TF팀은 조직 규모와 관계없이 임원급 팀장 한 명에 팀원 1명 내지는 2명으로 최소화해야 합니다. 에너지 절약 홍보를 한답시고, 한밤중에 눈부신 네온사인을 밝혀서 "전기를 아낍시다"라는 전광판을 가동할 수 없지 않겠습니까. 전체 구성원이 100명 이내의 작은 조직이라면 프로젝트 책임자 1명이 수행할 수 있고, 그 이상의 조직 규모라면 팀원1명 또는 2명으로 제한해야 합니다. 2명이건 3명이건 여성을 팀장이나 팀원으로 반드시 합류시키는 것도 지켜야 합니다. 버리는 것이라면 여성 감각이 남성보다 우월하다고 생각하며, 인식의 균형을 잡기 위해서라도 여성은 포함되어야 합니다. 21세기 지식노동자 조직은 여성의 주도권이 더욱 확대될 수밖에 없고 확대되어야 한다는 것도 여성을 합류시켜야 하는 또 다른 이유입니다.

4
버리기 과정은 어떻게 되는가

먼저, 모든 구성원들에게 버리기 과업을 공지하고 무엇을 버려야 할지, 그들이 우리 조직에 버리면 좋겠다고 생각하는 것이 무엇인지 제안을 받습니다. 과업은 실행해야 하는 사람들이 프로그램 구성의 처음부터 참여할 때 그 책임과 결과를 공유할 수 있습니다. 이 일은 회사 전체의 지속생존과 성장을 위한 것이 목적이라는 것을 공감할 수 있도록 해야 합니다. 특정 부서나 구성원에게만 해당되는 것이 아니라 구성원 전체의 일이며 반드시 해야 할 일입니다. 스마트폰이 소통의 기본이자 필수도구인 만큼 앱으로 만들어서 실시간 실행과 변화추이를 알 수 있도록 합니다. 참여 역시 스마트폰으로 할 수 있어야 합니다. 측정할 수 없는 것은 목표가 될 수 없다는 원칙을 따라, 항목별 양과 질을 평가할 수 있어야 합니다.

버리기 과정 정리

　최고경영자의 확고한 의지를 공개적으로 선언하는 것이 시작이고, 다음은 이어지는 과정입니다. 우선, 구성원 전체가 자기경영의 기반위에서 자신과 조직을 돌아볼 기회를 가져보기 바랍니다. 아래 워밍업 질문 5개를 배포하고, 각자 응답하게 하여 통계를 내봅니다. 반드시 앱으로 작업하여 쉽게 참여할 수 있도록 해야합니다. 참여과정을 쉽고 편리하게 해야 불참의 구실을 처음부터 제거하는 것입니다.

　워밍업 질문 5개는 버리기 과업을 실행하기 전에 한번, 그리고 1년이 지난 다음 버리기 과업의 연차보고서를 낸 다음 같은 질문을 다시해서 조직의 변화를 확인해야 합니다.

워밍업 질문 5개

1. 나는 나의 강점을 기반으로 일하는가
2. 내가 하는 일은 고객에 이로운가
3. 내가 하는 일은 생산적인가
4. 내가 하는 일은 조직의 사명과 부합하는가
5. 내가 하는 일은 의미있는 것인가

버리기 과정

STEP 1 버리기 과업을 맡을 리더와 팀원을 선발하고 공지합니다.

이 TF팀의 팀장선발 기준은 앞서 설명했고, 팀원 역시 팀장이 가져야 할 자질에서 존경받는 사람이라는 것을 빼고는 다를 바 없습니다.

팀원으로는 여성과 남성을 각 한 명씩 선발합니다. *팀장이 여성이면 나머지는 남성이어도 무방합니다. 그렇지만 홀수인 경우 여성을 더 포함시키는 것이 좋습니다.

STEP 2 전체 구성원을 대상으로 100개 항목을 공개하고 의견을 모아봅니다. 물론, 이미 만들어 놓은 앱을 통해서 받고, 가장 지지도가 높은 항목부터 실행에 옮겨 봅니다.

STEP 3 버리기 목록을 전체 구성원에게 앱으로 공개하여 집행하고 실행여부에 대하여 피드백을 받습니다.

버리기 TF팀은 각 팀별 실행 상황을 매주 확인하고 앱에 진척도를 공개합니다. 전체 구성원이 참여하는지, 참여에 방해요소나 방해꾼은 없는지 살피고 문제가 있을 경우 단호하고 명확하게 즉각적인 조치를 취합니다. 정중한 표현에는 누구도 귀담아 듣지 않는다는 소통의 원칙을 적용합니다.

STEP 4 3개월 단위로 실시하고 피드백 과정을 반복합니다.

3개월 단위의 피드백 과정에서는 당초 설정한 목표, 목표일정과 결과가 어떻게 차이나는지 확인하고 다음 분기에 반영해야 합니다. 이것을 반복하여 습관이 되도록 할 때 버리기 과업이 조직문화의 하나로 정착될 수 있습니다. 뿌리가 약하면 그동안의 투자는 모두 자원낭비로 그치게 됩니다.

STEP 5 12개월 연간 결과 보고서를 공개합니다.

이제 지난 1년 동안 무엇을 버렸고 어떻게 달라졌는지 TF팀장이 발표하고 새로운 기회가 무엇인지, 무엇을 추가로 버려야 할지, 미흡했던 것은 무엇이며 그에 대하여 무엇을 어떻게 할 것인지가 결정되어야 합니다. 이 토론회는 보고성격이 아니라 추가 기회발굴이 목적이 되어야 합니다. 보고는 이미 분기마다 하였고 연간보고서 역시 미리 배포하여 보고내용은 알고 참석하도록 합니다.

STEP 6 구성원들로부터 버리기 과업 뒤 조직문화에 대한 피드백 설문조사를 실시합니다.

앞서 제시한 5가지 기본설문과 별도로 진행합니다. 이것 역시 스마트폰 앱으로 만들어 제공해야 합니다.

*설문조사는 아래 질문에 간단하게 O, X로 답하도록 설계합니다.

워밍업 질문 5개

1. 당신의 성과 향상에 도움이 되었나요
2. 당신의 성과 향상에 방해가 되었나요
3. 아직도 버릴 것이 남아 있다고 생각하나요
4. 이것이 우리의 조직문화가 되는 것에 공감하나요
5. 버리기 대신에 새로 만들어야 할 것이 있나요

버리기 과업 프로세스 요약

Step 1_버리기 과업을 맡을 리더와 팀원을 선발하고 공지합니다.

Step 2_전체 구성원을 대상으로 100개 항목을 공개하고 의견을 모아봅니다.

Step 3_버리기 목록을 전체 구성원에게 앱으로 공개하여 집행하고 실행여부 피드백을 받습니다.

Step 4_3개월 단위로 실시하고 피드백 과정을 반복합니다.

Step 5_ 12개월 연간 결과 보고서를 공개합니다.

Step 6_구성원들로부터 버리기 과업 뒤 조직문화에 대한 피드백 설문조사를 실시합니다.

SA 05
버리고 부활한 기업들

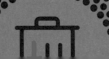

1
노키아

https://www.nokia.com

노키아의 부활을 말하기 전에 몰락부터 진단할 필요가 있습니다. 노키아는 변신과 혁신이 강점이었던 기업이었습니다. 목재사업으로 시작한 회사가 무선전화기 산업에 들어와서는 1위를 차지했으니 강점이 입증된 것입니다.

노키아 몰락의 원인은 실라즈마 회장이 말한 것처럼 한 때 전세계 휴대폰 시장의 50%를 점유할 만큼 잘 나간 탓입니다. 애플이 원플랫폼 전략으로 스마트폰을 주도하기 시작할 때도 노키아는 애플을 저평가했습니다. 애플처럼 자체 OS를 가지고 있었지만 생태계를 만들겠다는 전략도 없었고, 소프트웨어 업데이트 지원속도도 너무 느렸습니다. 무엇보다 재무담당경력이 강점이었던 당시 회장이 스마트폰 시장에 대응하는 것에 초점을 맞추기 보다는 수익에 중점을 두어 시장 주도권을 상실한 것이 가장 큰 원인입니다. 이익보다는 고객의 니즈를 파악하는

것이 전략결정의 우선 요소임을 무시한 것입니다. 시장 1위라는 자만
으로 고객에게 이미 결정권이 넘어갔다는 것을 깨닫지 못했던 것입니
다. 낡은 것을 버리지 못하면 새 것을 창조할 수 없는 법입니다.

노키아의 부활은 노키아에서 20년 동안 네트워크 사업부의 기술자
로 일한 네트워크 장비 전문가 라지브 수리가 선장을 맡으면서 시작되
었습니다. 수리는 노키아의 강점인 네트워크 장비분야에 전사적 자원
을 집중하고, 인수합병도 네트워크 연관분야에 초점을 맞추어왔습니
다. LTE와 5G 시대를 맞아 신규 수요가 늘어나면서 노키아는 업계의 1
위나 2위만 살아남을 것이라는 자신감을 가지고 부활한 것입니다. 이
말은 에릭슨, 화웨이, 노키아 가운데 한 곳은 탈락한다는 것을 의미합
니다. 화웨이가 미국의 견제를 받으면서 유럽기업인 노키아와 에릭슨
에게는 타이밍의 운도 따르게 되었습니다. 노키아는 소니처럼 자신들
의 DNA를 제대로 인식하고 지속성장할 가능성이 매우 높습니다. 최근
알카텔 인수의 부담이 반영되어 위기 상황에 직면하고 있지만 노키아
의 네트워크 사업부는 어떤 형태로든 남게 될 것으로 판단하기에 현재
의 어려움을 잘 극복할 것으로 기대합니다.

2
소니

www.sony.com

　'몸이 천 냥이면 눈은 구백 냥'이라는 속담이 있습니다. 21세기 과학기술 사회에서는 귀가 멀어도 눈이 있다면 커뮤니케이션에 문제가 없습니다. 일본의 전자기업을 대표했던 소니가 침몰하고 있을 때 많은 사람들이 소니의 회생을 비관적으로 바라보았습니다.

　과거 소니의 급강하는 3가지로 압축할 수 있습니다. 첫째, 기존의 성공관성에서 벗어나지 못한 것이고, 둘째, 소프트웨어의 중요성을 간파하지 못한 것인데, 다시 말해서 아날로그에서 디지털로 바뀌면서 기술 제품의 중심축이 하드웨어보다는 소프트웨어에 있다는 인식 전환이 늦었다는 것입니다. 당시 소니의 제품 종류만 53종이나 되었습니다. 애플이 위기에 처했던 당시 상황과 비슷합니다. 셋째, 강점이 아닌 분야에 지속적으로 대규모 투자를 한 것입니다.

그런데 많은 사람들의 추측과는 달리 소니는 하염없는 추락에서 다시 기수를 들어올려 비상에 성공했습니다. 소니의 부활은 히라이 가즈오 사장이 실행한 버리기에 있습니다. 마케팅을 기술보다 더 중시했던 전임사장의 패착을 소니 본래의 강점인 기술에 초점을 맞추는 것으로 전환했습니다. 마케팅이 중요한 것은 맞지만 그건 영업보다 중요하다는 것이고, 마케팅 에너지의 원천은 제품력에서 나옵니다. 제품력은 기술없이 불가능한 결과입니다. 소니의 강점은 오디오 비디오 기술력이었습니다. 가즈오 사장이 소니의 본래 강점으로 다시 눈을 돌리는 순간 소니 부활의 심장이 뛰기 시작했습니다. 결국 소니가 부활할 수 있었던 것은 애플의 잡스가 했던 부활전략과 일맥상통합니다. 다시 말해서 체계적 버리기 전략입니다. 이것은 성공과 부활 모두를 만들어 내는 양손잡이입니다. 흔히 회사가 위기에 처하면 가장 먼저 하는 말이 '선택과 집중'입니다. 이것을 달리 표현하면 '버리기와 혁신'이 되며 보통 구조조정이라고 합니다. 대부분의 구조조정이 해고 수단으로 활용되었기에 사람들의 인식에서 구조조정은 부정적인 것으로 남아 있습니다.

소니가 추락의 고통을 당한 것은 고객중심이 아니라 회사중심의 플랫폼 디자인이 원인이었습니다. 애플은 아이튠즈로 음악서비스 포탈을 통일한 반면에 소니는 개별 디바이스별로 각각 연결되어 있었습니다. 고객이 불편할 수밖에 없었던 것이지요. 불편과 불만을 계속 감수하고 있을 고객은 없습니다. 고객은 대안이 나올 때 까지만 남아 있습니다. 대안이 등장하는 순간 고객은 순식간에 도망가버립니다.

2017년 5월, 히라이 가즈오 사장은 5조원이 넘는 영업이익을 달성하고 소니의 부활을 선언했습니다. 그러나 소니가 강점집중이라는 전략의 본질을 경시하고 버리기 활동을 지속하지 않는다면 죽음의 계곡은 다시 등장할 것입니다. 자타가 인정하는 영상기술과 이미지센서 사업에 회사의 최고 인적자원을 투입하고 있습니다. 이미지센서 수요는 큰 폭으로 계속 성장할 것입니다. 이미 소니가 세계 이미지 센서 시장의 50%를 점유하고 있기에 이 부품시장의 주도권을 더욱 강화하는 것이 전략이어야 합니다. 삼성전자가 메모리 시장에서 확고한 1위를 고수하고 있는 것과 같은 맥락입니다.

소니의 패착은 2005년 혁신을 한답시고 CBS출신의 하워드 스트링거라는 외국인을 사장으로 앉힌 것이었습니다. LG전자도 비슷한 선택으로 큰 위기를 경험한 바 있습니다. 인간이란 자신의 능력을 넘어서는 일은 하기 어렵습니다. 기술 안목이 부족하고 마케팅에 집착한 스트링거 사장이 소니의 DNA인 기술개발을 경시하는 바람에 추락이 지속되었던 것입니다. 기업의 몰락은 강점경시에서 흔들리기 시작하며, 기업의 부활은 강점집중에서 싹이 돋아나기 시작합니다.

소니는 이미 블라인드 면접을 사원채용의 기본 원칙으로 운영하고 있습니다. 2017년 들어 일본에서는 오히려 일자리가 남아돌 만큼 사람이 부족합니다. 외국인들에 대한 취업문도 훨씬 넓게 열어놓고 있습니다. 역사적으로 개방 정책은 어느 나라건 인재를 모으기에 가장 효과적인 방법이었습니다. 학력과 학벌을 버리고 실력, 능력, 의욕으로 사람을 뽑는 소니는 그런 사람들의 간절함 때문에 더 성장할 수 있다고 믿습니다. 소니는 다시 일본 국민들이 제발 지속 생존하여 일본을 빛내주길 바란다는 응원을 받고 있기에 살아남을 것입니다.

3
애플

www.apple.com

버리기에 대해서라면 스티브 잡스를 말하지 않을 수 없습니다. 지금은 세계 최대 기업으로 등극했지만, 1997년 7월, 주가는 바닥으로 추락하고 단 3개월 운영비만 남았을 뿐인데다, 3개월이 지나면 파산할 수도 있는 위험한 상황에 처한 것이 애플이었습니다. 그야말로 죽기 일보 직전의 만신창이가 된 애플을 부활시켜 달라는 요청을 받고 돌아온 잡스가 가장 먼저 한 일은 두 가지 였습니다. 첫째, 40개가 넘던 제품개발 라인업을 버리고 핵심 프로젝트 4개만 남겼습니다. 둘째, 별 기능이나 역할도 없이 사업부장과 실무자 중간단계에서 자리를 지키고 있던 중간 관리자들을 대량 해고한 것입니다. 해고가 능사는 아니지만 생산성 향상에 걸림돌이 되고 회사의 생존이 달린 문제라면 결단을 내려야 하는 것도 경영자의 일입니다. 그런 결단은 그 결과에 따르는 비난은 모조리 경영자가 받아야 하는 몫이라는 용기가 없다면 실행할 수 없는 어려운 일입니다.

잡스는 해야 할 일도 있겠지만, 먼저 하지 말아야 할 일을 정하여 과감하게 버림으로써 그 자원들을 모두 혁신 프로젝트에 집중할 수 있도록 한 것입니다. 이 두 가지에 이어 추가로 한 작업이 애플의 핵심이자 강점인 기술 인재는 회사가 재무적으로 어려운 처지에 있어도 절대 해고가 없으며 투자를 지속하겠다는 약속이었습니다. 강점은 버릴 수 없지 않겠습니까.

세계 최초로 고급기술제품인 스마트폰에서 사용자 매뉴얼을 버린 기업도 애플입니다. 단순한 TV조차 판매할 때 설명서가 포함되어 있는데, 손 안에 들어온 컴퓨터와 통신 기능을 갖춘 하이테크 제품에서 매뉴얼을 제공하지 않아도 고객들은 잘 사용하고 있습니다. 이른바 직관형 디자인 덕택입니다. 잘한 것은 이것만이 아닙니다. 2017년 쿠퍼티노에 완공한 제2캠퍼스는 17,000명을 수용할 수 있는 사무공간으로 지구환경을 보호하기 위해 100% 그린에너지로 가동되는 대형 건물입니다. 기업운영을 위해 환경을 해치는 탄소에너지를 사용하는 대신에 돈이 더 들더라도 장기적 목표와 사명을 달성하겠다는 의지로 애플의 CEO인 팀쿡이 공개적으로 천명했던 약속을 실제로 이행한 것입니다. 신뢰란 이처럼 기대를 저버리지 않는 행동으로 쌓이는 신용이 될 수 있을 때 인정받는 것입니다.

애플이 제품을 설계할 때 기준으로 삼는 버리기 원칙은 "이 기술이나 기능이 고객에게 이로운가"하는 것입니다. 기술은 빠른 속도로 발전합니다. 애플은 가을이나 겨울에 접어드는 기술을 신제품에 적용하지 않습니다. 애플은 갓 피어나는 꽃봉오리처럼 봄의 기술을 선택합니다. 그것은 고객 입장에서 오늘의 이익이 아니라 반드시 오게 될 내일의 이익에 초점을 맞추는 것입니다. 고객에게 이롭지 못하다는 결론에 이르게 되면 지금 아무리 잘나가는 기술이라고 해도 채택하지 않습니다. 그렇다고 애플이 신기술 적용에 겁을 내는 것은 아닙니다. PC와 외부장치의 고속 데이터 전송 연결기능으로 만들어진 USB를 대량 생산제품에 처음 적용한 것이 애플입니다. 그 전에 병렬포트와 직렬포트 둘 다 사용하던 것을 모두 폐기하고 인텔이 처음 제시한 USB를 과감하게 채택하였고 지금은 시장 표준으로 자리잡았습니다. 1960년대 말에 등장하여 1971년에 상용화된 마그네틱 저장장치였던 플로피 디스크는 처음 8인치 규격이 사용되었습니다. 이것이 5.25인치로 줄어들고 3.5인치가 나왔을 때, 5.25인치를 버리고 3.5인치를 처음 적용한 곳도 애플입니다. 이것 역시 1998년 애플이 iMac에 CD-Rom을 채택하여 플로피도 버리게 됩니다.

2011년 비디오 영상을 지원하는 어도비 플래쉬를 애플이 채택하지 않겠다고 선언하여 플래쉬의 종말이 왔다고 했지만 그런 일은 일어나지 않았습니다. 대신 HTML5가 표준으로 자리잡았습니다. 애플이 플래쉬 대신 HTML5를 선택한 것은 CPU와 메모리의 부담을 줄이기 위한 것입니다. 그것은 애플의 외부 의존성을 줄이려는 욕구와 더불어 철저하게 고객관점에서 결정한 것입니다.

2007년 아이폰이 시장에 등장하기 전에는 모든 스마트폰의 아래 반쪽은 플라스틱 자판이 차지하고 있었습니다. 잡스는 고객에게 익숙한 물리적 자판을 버리고 멀티터치 스크린으로 대체하였습니다. 후발주자임에도 불구하고 위험을 감수하면서 과감하게 신기술을 채택하여 하루아침에 스마트폰의 판도를 뒤집어 버린 것입니다. 이것이 진정한 버리기 혁신이라고 할 수 있을 것입니다.

SA 06
버리고 지속성장하는 기업들

1
가마쿠라투신

DELETE

www.kamakura.com

창업자인 아라이 가즈히로는 이 회사에서 투자운용책임을 맡고 있습니다. 2007년 큰 병을 앓은 것과 세계를 충격 속에 빠트린 리먼 브라더스 사태를 계기로 금융시장의 존재의의와 방향을 원점에서 다시 보게 된 것이 가마쿠라투신 탄생의 계기입니다. 2008년 4명의 동료와 의기투합하여 '이어짐'이라는 뜻의 유이2101 펀드로 시작했습니다. 도쿄에서 남쪽으로 50Km 떨어진 곳의 역사 관광도시 가마쿠라에 85년된 낡은 민가를 본사 사무실로 삼았습니다. 이익을 내야 생존할 수 있다는 비지니스의 세계에서 이익을 내기 전에 기업이 '사회적 책임을 다하는 것'이 우선 아닐까 하는 마음에서 시작된 이 회사는 고객과 기업으로부터 진심으로 고맙다는 말을 듣고 있는 일본에서 가장 훌륭한 투자신탁 기업입니다.

경영자의 사명이나 기업 문화를 보는 대신 그 기업이 만들어내는 숫

자만 보고 투자하는 투신업계의 관행과는 거꾸로 하는, 역시 또 하나의 콘트래리언 기업입니다. 올바르고 착한 기업에 투자하면 사회적 책임을 다하는데 도움을 주는 것일 뿐더러 돈도 벌 수 있다는 것을 증명했습니다. 한국에도 잘 알려진 미라이 공업에 투자한 것은 물론입니다. 일본의 1위 펀드상품으로 인정받은 유이2101의 투자내역은 다른 투자신탁회사라면 당연히 비공개로 하는 정보임에도 홈페이지에 모두 공개하고 있습니다. 이런 투명한 자신감이 오히려 고객들에게 지지를 받고 있는 것이지요. 기업이 망하는 것은 실적이 나쁘기 때문이 아니라 고객이 사라지기 때문입니다. 고객이 응원하는 이런 기업이 망할 가능성은 희박하고, 고객으로부터 감사와 응원을 받는 투자신탁회사가 투자하는 기업들 역시 그 사회 속에서 고객들의 지지를 받으면서 선순환 효과를 입증하고 있습니다. 착한 기업이 사회로부터 '꼭 있어 주기를 바라는 마음'을 한없이 받고 있다면 망할 가능성은 전혀 없습니다. 올바르고 착한 마음이 선순환 구조로 더 나은 사회를 만드는 것을 보는 기쁨은 행복입니다. 가마쿠라 투신이 버린 것은 관행과 상식이라는 편견이었습니다.

2
구글

www.google.com

구글 기업문화의 핵심은 3가지입니다. 수평적 의사소통, 정보공유의 투명성, 그리고 관리가 아닌 자율. "모든 정보는 모든 직원에게 공개하는 것"을 원칙으로 합니다. 보통 기업들이라면 기밀로 취급하는 것이 많고, 정보가 새나가면 회사의 큰 기회가 외부에 노출되거나 경쟁사에게 넘어갈 것을 걱정합니다. 하지만 그보다 중요한 것은 실무 구성원들이 정확한 정보를 충분히 알고 있을 때 올바른 의사결정을 할 수 있다는 것입니다. 더구나 외부에 정보가 노출되고 나서 구성원들이 듣게 된다면 경영진에 대한 신뢰는 형성되지 못합니다. 구글에서는 정보공유를 위해 매주 금요일 오후마다 "All Hands Meeting In Friday"라는 행사를 통해 전세계 구성원들이 사장과 질의응답 시간을 가집니다. 질문은 사전에 사내 시스템을 통해서 가장 많은 요구를 받은 질문들부터 답하게 됩니다. 이런 투명성과 정보공유는 구성원들이 주인의식을 갖도록 하는 동기로 작용합니다. 주인정신이란 자신도 정보채널에서 열외가 아니라 그 일원이라는 확신이 설 때 가능한 것입니다.

구글이 새로운 검색엔진 개발로 2001년 기존 강자인 야후, 알타비스타, 익사이트를 상대로 이긴 다윗이라는 것은 모두가 아는 사실입니다. 구글이 독점적이라고 할 수 있는 시장1위 포탈로 자리잡을 수 있었던 것은 강점이 아닌 것과 생산성 없는 일을 버린 것이며, 자신들이 원하는 것이 아니라 고객이 원하는 것에 우선 초점을 맞추었기 때문입니다. 초기에 구글 경쟁사들은 구글을 인수할 기회가 있었지만, 그들은 구글의 가치를 충분히 알아차리지 못했습니다.

구글 홈페이지에는 무엇을 탐색할 것인지 적어 넣는 달랑 박스 한 개만 보입니다. 최적 검색기능이 구글의 핵심과업이라는 것을 고객과 구성원 모두가 명확하게 인식할 수 있게 디자인 되어 있습니다. 구글은 돈을 많이 낸다고 검색 우선 순위에 넣어주지 않습니다. 반면에 국내 포털 사이트의 선두주자인 네이버는 복잡한 디자인으로 고객이 무엇을 원하든지 개의치 않고 광고를 많이 유치할 수 있는 방식으로 만들고 있고 최근에야 구글을 모방하고 있습니다. 고객이 구글에서 느끼는 것을 "우리는 당신이 찾으려는 것을 간단하고 빠르게 찾을 수 있도록 합니다"라는 핵심 메세지라고 본다면, 국내 포털은 "여기 우리 메뉴가 있어요, 당신이 원하는 것을 마음대로 골라보세요"라고 하는 것입니다. 어떤 회사가 더 탁월한지는 고객이 결정합니다. 지금은 네이버도 구글을 따라하고 있습니다. 네이버는 대리점을 통해서 네이버 광고고객들을 확보하는 반면, 구글은 중간 브로커가 없습니다. 그것도 대면미팅도 하지 않고 인터넷으로 디지털 과정에서 모든 것을 마칩니다. 홈페이지 초기 화면의 다양성을 버린 구글이 말하는 것은 자유입니다. 그런 구글도 좀 더 민주적이며 정의와 공정을 주장하는 사회적 책임을 가지라는 구성원들 요구에 시달리고 있습니다.

3
그래비티페이먼트

DELETE

www.gravitypayments.com

시애틀에 본사를 둔 신용카드 결제서비스 회사입니다. 창업자인 댄 프라이스는 2014년 어느날 하이킹 파트너와 산을 오르다 그 파트너가 점점 오르는 주거임대료 때문에 고통받는다는 말을 듣고 그 동안 무관심했던 경제적 불평등에 눈을 뜨게 되었습니다. 그는 먼저 자기 회사의 구성원들은 어떤 처지에 있는지 조사하게 되었고, 최저 연봉이 3만5천불이며, 평균연봉은 4만8천불이라는 것을 알고 놀라게 됩니다.

2015년 전체 구성원들에게 자신의 연봉을 100만불에서 10만불로 낮추는 것과 동시에 120명 구성원들의 최저 임금을 즉시 5만불로 올리고, 향후 3년이내 7만불로 올린다고 선언했습니다. 더불어 회사의 예상순익 220만불의 80%를 구성원들의 연봉인상에 투입하겠다고 약속했습니다. 프라이스는 그런 변화를 투자로 생각한다는 것이며 구성원들에게는 동기유발의 계기가 되고 고객들은 더 늘어날 것이라는 사회적 선순환의 확신에 차 있었습니다. 이 때문에 공동창업자인 형 루카스는 동생이 연봉을 지나치게 많이 가져갔다는 것과 회사 자금을 오용했다는 이유로 소송했으나 재판에서 졌을 뿐 아니라 오히려 소송비용 110만불을 지불하도록 판결받게 되었습니다. 당시 일부 경영학자들이나 기업가들은 이 회사가 곧 망할 것이며 댄 프라이스는 사회주의자라는 말도 서슴지 않았습니다.

댄프라이스의 이 한 가지 착한 행동은 미국 전역에 일파만파를 일으키며 나비효과가 되었고 많은 사람들이 돈 보다는 재미와 삶의 의미를 쫓아 인생 방향타를 바꾸고 있습니다. 이같은 사실이 알려진 뒤 그래비티의 고객 유지율은 더 높아졌고, 수익은 두배로 상승하게 되었습니다. 이직율이 대폭 떨어졌음은 당연하고, 신규고용은 물론, 시애틀에 주택을 구입하는 구성원들이 늘어났습니다. 결국 지역사회 발전이라는 선순환이 제대로 작동하게 된 것입니다. 2020년인 지금 이 회사 주가는 세 배 이상 뛰었습니다. 이제 경쟁사들은 물론이고 다른 기업들도 방관하다가는 인재확보에 밀리게 되고 악평을 듣게 되는 만큼 변화에 동참하지 않을 수 없는 사회적 분위기를 이끌고 있습니다.

프라이스는 대주주이므로 배당금과 회사의 가치만으로도 충분한 보상을 받을 수 있는 위치에 있습니다. 그러니 자신의 급여를 대폭 삭감하고 구성원들에게 돌리는 것은 근본적으로 생산성을 높이는 버리기 결정이었던 것이지요. 진정성을 가지고 구성원들의 삶을 좀 더 좋게 하겠다는 경영자의 행동이 회사가치를 높이는 것은 당연한 일입니다. 리더의 이런 행동이 고객으로부터 외면받았다는 말은 아직 들어 본 적이 없습니다.

4
넷플릭스

www.netflix.com

1997년 벤처기업을 창업하여 성공적으로 매각한 경험이 있는 리드 해이스팅스가 켈리포니아에서 창업한 기업입니다. 2020년 현재 미국 인터넷 트래픽의 1/3을 점유하는 망점유 공룡입니다. 실리콘밸리에서 최고 연봉을 주는 기업이며, 휴가도 마음대로 갈 수 있고, 단 2가지 원칙인 자율과 책임 말고는 생산성을 갉아먹는 모든 과정을 버린 기업입니다. 최고라고 인정받는 엔지니어를 뽑을 때까지는 인재발굴에 인내심을 발휘합니다. 핫컴퍼니로 인정받는 기업이기는 하지만, 팀에 공헌하지 못하거나 객관적인 성과를 내지 못하는 사람은 3개월치 급여를 주고 냉정하게 해고하기도 합니다. 구성원들의 지출에 대하여는 단 한 가지, "이 지출이 회사에 이로운가"라는 질문으로 구성원들이 각자 스스로 지출여부를 판단하고 결정하도록 원칙을 정해놓고 있습니다. 그런 냉정한 기업문화를 유지하지 못한다면 치열한 스트리밍 비디오 콘텐츠 서비스 경쟁에서 살아남기 어려울 것이지만 그런 근무환경을 견

디지 못하고 회사를 떠나는 사람들도 있습니다.

넷플릭스 자리를 호시탐탐 노리며 전의를 불태우는 기업은 한 둘이 아닙니다. 우선 아마존이 강력한 경쟁자고, 유튜브도 넷플릭스의 직접 경쟁자며, 디즈니와 애플도 가세하였습니다.

넷플릭스 비지니스모델은 기술 발달에 따라 기존의 낡은 것을 버린 것에서 출발하였지요. 영화를 좋아하던 창업자 헤이스팅스가 DVD를 우편으로 배달해주는 방법으로 사업을 시작했습니다. 사실 비디오 대여점의 고객이었던 헤이스팅스가 지연료를 물리는 것이 말도 안된다고 생각하고는 지연료를 물리지 않는 차별화를 전략으로 선택하여 창업한 것이었습니다. 초기, 회사 성장에 어려움을 겪었지만, 성장을 보증한 것은 인터넷 속도가 빨라진 것, 더욱 빨라질 것이라는 기술발전을 믿고 기존 오프라인 개념을 버리고 한발 앞서 온라인 스트리밍 서비스로 전환해 버린 것입니다. 이런 산업과 기술의 변화에는 혁신탐색에 한발 늦은 비디오 대여 선두주자였던 블록버스터가 몰락할 수밖에 없었습니다. 나중 된 자가 먼저 될 때 먼저 된 자는 이등으로 남는 게 아니라 사라지게 된다는 것을 입증한 사례입니다.

5
듀폰

www.dupont.com

 21세기에는 기업의 평균수명이 20년이하로 떨어졌습니다. 이 와중에 1802년 작은 화학공장으로 출발하여 여전히 시장의 강자로 군림하는 듀폰은 2020년인 올해 218세로 혁신을 겁내지 않는 본보기 기업입니다. 듀폰은 화학을 기업의 기본 기술 강점으로 시작하여 섬유산업으로 영역을 확대했으나 2003년 전체 매출의 25%를 차지했던 섬유사업을 과감히 버렸습니다.

 1935년 공기, 석탄, 물에서 폴리아마이드를 추출한 것으로 그 브랜드명인 나일론을 처음 개발하자 바로 나일론을 대체할 새로운 제품개발에 착수하였으며, 다른 기업들도 나일론 시장에 뛰어 들도록 라이센스를 개방해버렸습니다. 나일론은 2차 세계대전 중에 크게 발전하였는데 미국을 승전국으로 이끈 원동력 가운데 하나였다는 평가도 있습니다. 듀폰은 언제나 변신을 적극적으로 실행하지만, 기업이념과 사명을 버리지는 않았습니다. 네 가지 이념은 안전, 환경, 윤리경영, 인본주의입니다. 만약 사업내용이나 기술이 이념과 다를 때는 돈이 아니라 그 기술을 버리고 대체기술을 개발한다는 원칙을 가지고 있습니다. 듀폰은 핵심강점인 화학기술과 생명공학기술에 이어서 농업에 진출하기 위해 종자회사와 식품회사를 인수했습니다. 시장과 고객이 바라는 것이 무엇인지 탐구하고 그에 맞추어 역량을 강화한다는 전략으로 이제는 종합과학기업으로 다시 한 번 변신한 것입니다.

3세기에 걸친 듀폰의 혁신 원동력은 언제나 새로운 것을 탐구하는 문화, 그에 따른 인재들을 확보하는 것과, 중단 없는 혁신활동입니다. 듀폰은 성장을 위해서라면 과거와 과감히 결별하고 미래를 위해 오늘 투자하는 회사입니다. 오직 혁신으로 새로운 가치를 창출할 수 있는 사업에 집중하는 전략을 구사합니다. 듀폰은 과학지상주의 기업입니다. 과학과 기술이야말로 기업 생존의 필수도구며 지속생존을 위해서라면 오늘날의 영광도 버리고 고통도 감수할 수 있다고 믿는 기업입니다. 찬란한 과거 유산은 버리기도 힘들지만, 잘나가는 현재를 버리기는 더욱 어렵습니다. 그래도 오늘이 내일을 발목 잡는다는 확신이 선다면 버리는 용기를 발휘할 수 있는 기업이 듀폰입니다.

6
미라이공업

DELETE

www.mirai.co.jp

일본에서 독보적이며 무시할 수 없는 개성을 가진 배짱 기업이 미라이공업입니다. 인구 1억2천만명의 일본시장으로도 충분하다고 믿으며 생산비가 싸다고 하여 중국에 공장을 건설할 생각도 없고, 해외로는 진출하지도 않습니다. 세계적인 대기업이 되겠다는 것은 목표에도 없는데, 대기업이 될 수 없어서가 아니라 그런 것이 사회와 구성원들에게 큰 의미를 가진다고 생각하지 않습니다. 2014년 지병으로 세상을 떠난, 연극애호가이자 극단주였던 야마다 사장은 "오늘도 직원이 살아있어 다행"이라는 마음으로 경영하였습니다.

이 회사는 일본에 있는 중소기업이지만 거의 완벽하다고 할 정도로 실리콘밸리 문화를 가진 기업이고 '인본주의 실천'이라는 점에서는 실리콘밸리의 문화수준을 넘어서는 모습을 보여줍니다. 실리콘밸리에서 배워야 할 기업이니, 두말할 나위없이 훌륭한 기업이며 착한기업입니다. 이런 기업이 망할 가능성은 없습니다. 역시 고객의 응원을 받기 때문입니다.

　이 책에서 제시하는 100가지 버려야 할 대상을 거의 모두 실행하고 있는 유토피아 기업의 원형입니다. 절약하고 낭비를 제거하여 모은 돈은 모두 구성원들 복지에 사용합니다. 어떤 제안이라도 환영하여 연간 1억원 남짓의 제안보상금을 구성원들에게 지급합니다. 생산성 없는 업무 시스템은 만들지도 않고 관심도 두지 않으며, 대기업들과 경쟁하지만 반드시 차별화 제품을 만들어 경쟁대상이 될 필요가 없게 만듭니다. 브랜드가 약하다고 가격을 낮추어 팔지도 않습니다. 실제로 고객이 바라는 것은 브랜드가 아니라 제품력과 믿음이기 때문입니다. 고객이 불편하다고 느끼는 1% 틈새를 기회로 포착하고 제품을 만듭니다. 1년 365일 가운데 140일의 고정휴가로 실제 225일간 또는 그 이하로 일을 합니다. 다른 기업들보다 적게 일하면서 높은 급여와 최고의 수익률, 튼튼한 자금력을 유지하고 있습니다. 이렇게 휴가가 많다 보니 거래선에 납품이 걱정인 영업담당자는 안절부절이었는데, 그걸 본 야마다 사장은 그런 것에는 전혀 신경쓰지 않고 창고 열쇠 3,000개를 만들어 모든 거래처 고객에게 배포하였습니다. 경비도 없고 언제든 창고에 와서 제품을 필요한 만큼 알아서 가져다 쓰라는 것입니다. 당황한 것은 영업담당자 뿐만 아니라 고객들이었습니다. 그러나 권한을 주면 책임도 따라가는 법 아니겠습니까. 거래처들은 어이가 없었지만 제품이 좋으니 달리 방법이 없었습니다. 갑질 아닌 갑질이었습니다. 스타벅스가 커피를 비싸게 팔면서 고객들 스스로가 자신이 마신 커피잔을 치워두는 곳에 가져다 놓게 시키는 것보다 한 술 더 뜬 노련한 전략입니다.

야마다 사장의 가장 훌륭한 신념은 "인간은 비용이 아니다"라는 것이고, 사무실 곳곳에 붙여 놓은 표어 "항상 생각한다"는 것은 인간이야말로 생각하는 존재이기에 인간으로서의 가치가 있다는 것이라고 믿는 사람이었습니다. 야마다 사장의 이 표어는 21세기 지식노동자의 자세를 가장 간단명료하게 표현한 것입니다. 야마다 사장은 구성원들이 자기 생각을 가지고 스스로 책임과 권한을 인식하여 간섭없이 일할 수 있도록 할 때 최고의 성과를 낼 수 있다고 믿었던 것입니다. 평생 연극을 통해 사업을 배웠다고 하는 그는 "인간은 다른 인간의 능력을 평가할 수 없다"는 말을 하며 차등 성과급을 도입하지 않았습니다. 이것이 실리콘밸리 문화와 뚜렷하게 다른 점입니다. 조직에서 결과의 평등이 생산성 향상에 도움이 되지 않는다는 것이 일반적인 인식이지만 야마다 사장의 이 방식이 미라이공업에서는 문제가 없다고 입증된 만큼 다른 기업들도 적용여부를 연구해 볼 가치가 있습니다.

또한, 야마다 사장이 근검절약을 개인차원과 회사차원의 문화로 정착시킨 것은 그런 검소함이 환경보호에 도움이 된다는 확신이 있었기 때문입니다. 연봉이 20억원이나 되었지만 평생 승용차를 타고 다닌 적이 없었다고 알려져 있습니다. 물론 20억 연봉도 연극활동에 기부하는 것이 대부분이었다고 합니다. 야마다 사장이야말로, 환경사랑의 본질이 인간과 사회를 대상으로 하는 실천이라는 점을 보여준 사람이었습니다. 이 지구 사회에 너무나 중요한 분이 일찍 돌아가신 것은 지구촌의 큰 손실입니다.

7
브릿지워터 어소시에이트

DELETE

www.bridgewater.com

타인에 대한 배려는 해야 될 것이 있고, 하지 말아야 할 것이 있습니다. 그런데 서로 훌륭한 인간관계를 만들고 유지하기 위해서는 생산적인 관계가 되어야 한다는 것이 드러커의 생각이었습니다. 조직은 내일을 보장할 만한 보험료 즉, 이익을 획득할 수 있을 때 지속생존 할 수 있습니다. 그런 조건에서야 구성원들이 전력투구하는 법입니다. 항해를 시작하려는 배가 엔진에 결함이 있고, 목적지까지 항해하기에는 연료가 턱없이 부족하다는 것을 선원들이 안다면, 그 배에 승선할 선원은 없습니다.

브릿지워터 어소시에이트는 놀라운 투자운용 수익률과 '원칙'이라는 책으로 세계적인 인물이 된 레이 달리오가 설립한 세계 최대 투자운용사입니다. 1975년도에 코네티컷 웨스트포트에 본사를 둔 미국 헤지펀드 기업입니다. 연금펀드, 재단, 외국정부, 중앙은행 등 기관 투자자들을 대상으로 2019년 기준 1,600억 불 규모의 자산을 운용하고 있습니다.

달리오는 조직이 최대 성과를 내는 데 가장 큰 방해요소가 되면서 동시에 가장 생산적으로 만드는 것은 조직 구성원 간의 '소통'에 달려있다는 것을 깨달았습니다. 너무도 당연한 말이지만, 조직에서 실제로 극단적으로 투명한 소통을 구현한다는 것은 용기는 물론이고 체계적 시스템이 필요합니다.

달리오는 관행이라고 여기고 구성원끼리는 서로 배려하는 것이 좋다는 기존의 협력체제에 대한 고정관념을 과감하게 버렸습니다. 혁신에는 언제나 저항이 따르는 법입니다. 브릿지워터 어소시에이트도 예외 없이 달리오의 이런 과감한 소통혁신 결단에 상당한 저항을 맞이했습니다. 그러나 조직구성원들은 각자가 가진 강점을 바탕으로 협력하여 성과를 내는 법입니다. 약점은 강점이 생산적으로 작동하는 것에 무관하게 만들어야 합니다. 이것이 가능하려면 누구나 약점이 있고, 실수도 한다는 것을 공개적으로 인정하는 것이 반드시 있어야 합니다. 최고 경영자를 비롯하여 협력하는 모든 구성원들이 서로의 강점과 약점, 일하는 방식, 가치관을 알게 되면 생산성을 높이는데 큰 도움이 됩니다. 일하는 방식은 습관이 드러나는 것이므로 잘 고쳐지지 않습니다. 오래된 습관은 본성에 가까울 만큼 바꾸기가 어려운 것 아니겠습니까.

극단적인 솔직함을 소통의 기본 원칙으로 정하고는 실수한 것을 반드시 기록하고 공개하는 시스템을 구축했습니다. 그것은 실수를 나무

SA 06 버리고 지속성장하는 기업들

라는 것이 목적이 아니라 같은 실수를 반복하지 않겠다는 것과 각자의 약점을 노출시켜 강점발휘에 걸림돌이 될 수 있는 것을 미리 파악하는 것이 목적입니다. 전속력으로 달리는 자동차 경주에서 갑자기 장애물이 나타난다면 운전자가 취할 수 있는 방법은 거의 없고, 사고를 피할 수도 없을 것입니다. 그러나 어디에 어떤 장애물이 등장하는지 미리 알 수 있다면 사고를 방지하고 본래 목표를 달성할 수 있을 것입니다.

극단적인 솔직함을 조직문화로 이식시키기 위해서는 구성원들 모두가 열린 마음과 겸손함을 갖추어야 합니다. 물론, 최고경영자로부터 가능해야 할 것입니다. 그것이 안되는 조직이라면 처음부터 도전할 수 있는 일이 아닙니다. 오히려 조직은 스트레스가 늘어나서 위기를 맞게 될 것입니다.

8
아마존(아마존고)

www.amazon.com

아마존고는 아마존이 효율로 가격을 파괴하겠다는 혁신을 내걸고 시도하는 작업입니다. 아직 그 성과가 눈에 띄게 드러나지 않았지만 무인점포를 여기서 다루는 것은 전형적인 혁신모델 인데다 기존 유통시스템 구조에서 버리기를 통해 등장했다는 것 때문입니다. 시애틀에 파일럿으로 매장이 오픈되었는데 기존 80여명이 하던 일을 8명이 해치우고 있습니다. 사람을 정보기술로 대체한 것이고, 고객들은 기다릴 필요도 대면계산도 없습니다. 아마존고의 근본적인 혜택은 시간을 고객에게 돌려주는 것입니다.

소매점이 무시할 수 없는 경영 리스크는 구성원이든 고객이든 누군가에 의해서 물건이 슬쩍 없어진다는 것과 구성원들에 대한 인건비 즉, 고정비입니다. 그런데 아마존고가 추구하는 기술을 적용하면 이런 문제를 일거에 해결할 수 있고, 고객은 더 낮은 가격에 상품을 구입할 수 있습니다. 고객이 아마존고 매장에 들어서면서 앱을 작동시키면 그 다음 할 일은 원하는 물건을 카트에 담고 나오는 것이 전부입니다. 나오는 순간 결제가 이루어지고 매장에서 계산대 직원과 만날 일도 없습니다. 인간에게 가장 힘든 일 가운데 한 가지가 대면서비스인데 여기서는 그것이 사라졌습니다.

아마존은 아마존고의 고객체험과 기술력을 무기로 세상을 또 한번 뒤집을 것입니다. 이 때문에 가장 약한 소매점의 일자리는 거의 사라지게 될 가능성이 높습니다. 그러나 Aifi라는 신생 벤처기업이 아마존고와 한판 승부를 내걸고 도전하고 있습니다. 무인 판매시장은 소매점의 주류로 자리잡게 될 것입니다. 아마존고는 2023년까지 미국 전역에 2000개의 무인매장을 개점하겠다고 발표했고, 아마존고의 전폭적 확대전략에 경쟁력 없는 일반소매 유통기업들은 버려지게 될 가능성이 높습니다.

코로나의 세계적 대유행을 겪으면서 비대면 작업과 비대면 서비스가 우리 삶 전체에 구현되는 구조적 변화를 맞이했습니다. 그러나 대면과 비대면 사이에는 그 둘을 연결하는 반대면(Half-Contact)이 필요한 법입니다. 아마존고는 온라인 쇼핑과 오프라인 쇼핑의 중간 형태로 자리잡을 것입니다.

한편, 아마존은 온라인 쇼핑몰에서 'One Click Away' 즉 '클릭 한번으로 끝'이 모토입니다. 고객들이 아마존 온라인에 들어온 순간 고객의 구매습관과 의도를 파악하고는 최대한 간단한 과정으로 추가 쇼핑을 마치도록 합니다. 더 빠르게 더 단순하게, 시스템 내부에서는 오리가 물 밑에서 발을 계속 젓는 것처럼 분주하지만 고객이 보는 시스템 외부인 화면에서는 순식간에 필요한 정보 분석 과정의 결과가 펼쳐집니다. 인간의 수명이 100세 평균을 내다보면서 시간의 가치는 줄어드는 것이 아니라 더 높아지고 있습니다. 그것은 과학기술과 의료기술의 발달로 활동할 수 있는 나이가 높아지고 하고 싶은 일도 욕망도 더 커지기 때문입니다. 고객에게 시간을 돌려주는 기업은 반드시 살아남습니다.

9
애플

www.apple.com

잡스가 생을 마감하고 나서 많은 전문가라는 사람들이 애플의 혁신은 종말을 고했다고 섣불리 판정내렸습니다. 전문가가 언제나 현명한 것은 아닙니다. 애플의 혁신문화는 조직정신으로 단단히 자리 잡았습니다. 그것이 잡스의 최대 공헌이었지요. 팀쿡은 더 고객관점에서 전략을 결정해왔습니다. 잡스 사후에도 이어지는 혁신에서 기존 아이폰 사용자들로부터 엄청난 비판과 저항을 받은 의사결정이 이어폰잭을 파워잭으로 통일해 버린 것과 그에 이어서 아예 무선이어폰을 기본으로 해버린 것입니다. 사람들은 애플이 인수한 헤드폰 기업인 비트의 블루투스 헤드폰을 팔기 위한 전략이라고 비난을 퍼부었지만, 현실은 시장 1위의 블루투스 무선 이어폰 제품으로 나타났습니다. 2019년 말을 기준으로 애플의 무선이어폰인 에어팟은 글로벌 시장 점유율 50%가 넘었습니다. 홈버튼도 버리고, 무선충전으로 바꾸면서 충전잭도 버린다는 것이 애플의 전략일 것입니다. 내가 우려했던 고가정책 일변도는 애플이 전략을 수정하여 보급형도 출시하게 되었고, 시장 주도권을 유지할 수 있었습니다.

버린 다음 할 일은 강점을 강화하는 것입니다. 애플은 고객이 감동할 수 있는 소프트웨어 생태계를 만드는 일에도 전력투구했습니다. 하드웨어란 그 자체가 가진 물리적 한계 때문에 모든 고객을 완벽하게 만족시키기 어렵습니다. 애플이 iOS라는 독자적인 소프트웨어를 끝까지 유지하며 업데이트를 지속하는 것은 개발능력에 자유를 담고 싶었기 때문이고, 하드웨어가 피할 수 없는 한계를 소프트웨어로 벗어나기 위한 것입니다. 그래도 여전히 고객관점에서 제약이 있는 것들은 결국 버리고 말 것입니다. 애플이 버리기 과업을 지속하지 않는다면 그때야 말로 애플 자신이 버림받게 될 것입니다.

10
영동농장

DELETE

www.ydfarm.org

　설립자 김용복 명예회장은 단돈 7달러와 삽 네 자루로 열사의 나라 사우디아라비아 사막에서 채소재배에 성공한 기업가정신의 표상입니다. '農者 天下之大本'이라는 철학으로 평생 농업의 외길을 걸으며 사람농사를 짓는 장학사업을 비롯한 사회 공헌활동도 활발하게 펼치고 있습니다.

　지금은 2017년부터 외아들인 김태정 회장이 영동농장을 경영하고 있습니다. 김태정 회장은 경험에 이론을 접목하여 한국 최초로 USDA 인증 유기농 쌀을 생산하고 있습니다.

　전남 강진에 연간 400톤의 유기농 쌀을 생산하는 영동농장이 있습니다. 김태정 회장은 유기농이 가야할 길이라고 결정하고 3가지를 단계적으로 버리는 과업에 착수하여 결국 성공한 농업경영자입니다.

농사는 농약과 비료를 써야 병충해도 막고 수확량을 늘릴 수 있다는 것이 상식이었습니다. 김태정 회장은 서울농대를 나왔지만 농업자체보다는 농기계 전공이었습니다. 기존 고정관념을 버리고 혁신하려는 것이 순탄할 리 없습니다. 김태정 회장은 한 번에 한 가지씩 버리는 전략을 실천하였는데, 목숨을 위협받을 만큼 이익관계자들의 저항은 상상을 초월할 정도로 강했습니다.

그는 먼저, 화학비료를 쓰지 않겠다고 선언하고 일체 화학비료를 쓰지 않고 쌀농사를 했습니다. 1년동안 해본 결과는 30% 이상의 수확량이 줄어드는 것이었습니다. 그래도 포기하지 않고 이번에는 농약사용을 버리기로 하고 집행했습니다. 워낙 넓은 농장이었으니 농약 수요도 많았던 탓에 농약공급업자가 "우리를 모두 죽이려 한다"고 거칠게 항의했지만 미동도 없이 과감하게 실행하였습니다. 1년이 지나자 역시 수확량은 여전히 30% 이상 떨어지는 것이었습니다. 이제 3년차 유기농의 막바지로 고동을 키우고 오리를 풀었습니다. 여기에 성장하는 모든 것에는 에너지가 있다고 믿는 김태정 회장의 의지대로 농장전역에 클래식 음악을 틀 수 있게 설비를 마치게 됩니다. 엄청난 양의 스피커를 사려다 보니 이상하게 보는 업자들도 있었습니다. 3년이 지나자 땅은 본래의 지력을 회복하고 드디어 이전의 수확량을 확보할 수 있게 되었습니다. 게다가 '음악듣고 자란 쌀'은 한국 최초의 유기농 쌀이라는 타이틀에 '음악듣고 자란 쌀'이라는 독보적인 브랜딩이 합해져서 영업하지 않아도 팔리는 쌀로 등장한 것입니다.

그 다음 목표가 기다리고 있었는데, 바로 필요 없는 유통단계를 버리는 것이었습니다. 농협은 본래의 사명인 농민들의 이익을 위해서라기보다는 농협이라는 단체와 소속 구성원들의 이익이 우선인 곳입니다. 조직이 그 조직의 탄생을 승인하고 지속생존을 응원하는 사회에 공헌하지 못한다면 그 조직은 사라지게 됩니다. 김태정 회장은 농협을 통해 영동농장의 쌀을 유통하지 않겠다고 과감히 버렸습니다. 지금은 수확하기도 전에 95%의 쌀이 예약 판매로 끝나고, 5% 마저도 영업하지 않고 팔리고 있습니다. 김태정 회장의 다음 목표는 한국 쌀농사의 기준을 더 높이는 것입니다. 그 다음 목표는 세계 쌀농사의 기준이 영동농장 농법이 되는 것입니다. 이것이야말로 말로 하는 것이 아니라 실제적인 사회공헌 플랫폼의 표상입니다. 이미 앞선 김용복 회장의 자비로 장학재단을 만들어 운영하고 있지만, 영동농장의 수익 일부는 지속적으로 사회환원 차원의 공익사업을 확대하는데 쓰고 있습니다. 이런 기업은 사회가 응원하고 지원하기에 지속 생존할 수밖에 없는 사회에 이로운 기업입니다. 기업의 생사여탈권은 고객에게 있고, 고객은 내게 이로운 것과 사회에 이로운 것이 모두 만족될 수 있을 때 응원하는 법입니다.

11
인텔

www.intel.com

인텔이 CPU시장의 세계 1위라는 명성때문에 탄생이후 순탄한 여정만을 걸어왔다고 생각하면 오해입니다. 위기를 겪지 않고 크게 성장한 기업은 없습니다. 인텔은 메모리를 개발하고 고수익을 누렸지만 1980년 일본의 반도체 기업들이 인텔보다 10% 낮은 가격으로 공급을 시작하고 1984년 메모리 반도체 가격이 40%나 떨어지자 견디지 못하고 적자로 추락했습니다. 창업자였던 로버트 노이스와 고든 무어에 이어서 합류했던 앤디 그로브는 1985년 과감하게 메모리 사업을 버리기로 결정했습니다. 레드오션이 되어 버린 시장에서 가격경쟁으로 목표수익을 유지하기 어렵기 때문입니다. 포기가 아니라 버린 것입니다. 이때 24,000명의 기술자를 18,000명으로 줄였습니다. 당시 인텔은 이미 CPU를 개발하여 판매하고 있었는데 메모리 사업을 버리고 모든 자원을 CPU에 집중 투입하고, 그 보상으로 세계반도체 시장1위 자리를 십수년간 유지할 수 있었습니다. 이미 죽은 시체에 방부제를 붓지 않겠다는 앤디 그로브의 결단으로 오늘의 인텔이 남아 있는 것입니다. 그러나 모바일 시대에 재빠르게 대응하지 못한 탓에 다시 독점에서 경쟁시대에 들어선 인텔은 또 한 번의 혁신을 이끌어 내야 할 운명에 처했으나, 아기어시스템의 모바일칩 사업부를 인수하여 시장에 참여하고 있고 2019년 기준으로 다시 반도체 시장에서 매출1위를 탈환했습니다. 최근 AMD의 CPU 신제품이 성능면에서 고객들의 응원을 받고 있습니다. 경쟁 없는 기업은 도전이라는 동기도 생기지 않는 법입니다. AMD의 약진은 인텔에게는 좋은 영향으로 작동할 것입니다.

12
클리프바 앤 에너지

DELETE

www.clifbar.com

1990년 스포츠광인 게리와 친구 두 사람이 최고의 스포츠맨용 에너지바를 만들어보자는 의기투합에서 출발한 회사입니다. 캘리포니아에 자리하고 있는데, 이 회사가 버린 것은 대기업의 매력적인 인수 제안이었습니다. 모든 것을 합의하고 최종 결정만 남은 상황에서, 게리는 자신의 사명이 무엇인지, 클리프바 앤 에너지의 존재이유는 무엇인지 다시 되돌아보는 시간을 가졌는데, 문득 '회사가 매각된 다음 그동안 같이 일했던 구성원들은 어떻게 될까'라는 의구심이 들었고, 그들과 공동체를 위해서라도 돈이 아닌 본래의 사명을 바탕으로 회사를 계속하기로 결정하였습니다. 네슬레같은 다국적 기업의 제안을 뿌리치고 경쟁자들과의 치열한 다툼에서 50% 이상의 에너지바 시장 점유율을 확보한 클리프바 앤 에너지는 그야말로 인간중심의 행복한 기업을 경영하고 있습니다. 사명을 지키고 자신의 이익보다는 공동체의 이익을 우선하는 것이 리더십의 본질입니다. 구성원과 사회로부터 응원과 존경받

187

는 경영자로 구성원들의 더 나은 삶과, 보람이 충만한 기업으로 지속성
장하고 있습니다.

13
테슬라

www.teslar.com

테슬라는 2014년 6월에 전기차와 관련된 테슬라의 모든 특허를 공개한다고 밝혔습니다. 되로 주고 말로 받는 전략이라고 할 수 있습니다. 테슬라는 전기차 시장이 더 빨리 성장하기를 바라기에 혼자서 시장 전체를 키울 수 없다는 것을 잘 알고 있습니다. 그런 경우 가장 효과적인 전략은 경쟁자들이 수월하게 진입할 수 있도록 기술장벽을 개방하는 것이지요. 그래도 선두자리를 지킬 수 있다는 자신감과 전기차의 핵심부분인 배터리 기술 및 세계 최대 배터리 양산 공장을 가지고 있다는 배짱이 있어서겠지만, 이보다 강력한 버리기 전략이 있을까요. 머스크의 예측대로 전기차 시장은 예상보다 빠른 속도로 성장하고 있으며, 선진국들은 가솔린 자동차의 판매금지 일정을 속속 발표하고 있습니다.

테슬라는 기업문화에서도 투명성을 강조합니다. 보안이 혁신활동을 방해해서는 안된다는 것이 테슬라의 원칙입니다. 한국의 대기업처럼 구성원과 방문객들을 가리지 않고 군사 구역처럼 보안과 검색과정을 거치면서 시간을 낭비하고 모든 사람들을 잠재적 범죄자 취급하기보다는 개방이 훨씬 나은 전략입니다. 고리타분한 문서보고 제도도 없을 뿐더러, 복잡한 인사시스템이나 조직도 운영하지 않습니다.

처음부터 끝까지 테슬라의 일관성은 '혁신활동과 혁신문화'라고 할 수 있습니다. 성과를 내지 못하는 사람이라면 서로를 위해서 퇴출방식을 합의하고 떠나도록 합니다. 이것은 넷플릭스와도 유사한 문화입니다. 프로들의 세계에서 프로답게 행동하자는 합의인 것이지요. 한국에서는 실행하기 어려울 것인데, 노동법이 그렇게 허락하지도 않고, 노동자 자신들이 생산수단을 가진 지식 노동자로 스스로 독립한다는 생각보다는 임원임에도 불구하고 이른바 젖은 낙엽전략이라고 하면서 나가라고 할 때까지 의자를 붙들고 있겠다는 사람이 대부분입니다. 한국에서는 회사에서 제2인생을 준비할 수 있는 교육기회를 준다고 해도 환영받지 못합니다. 회사의 진정성이 의심받기 때문입니다. 그것은 그렇게 보여왔던 기업의 책임입니다.

테슬라의 실적이 상승하면서 주가도 올라가고 있습니다. '비전과 사명'이 회사 가치를 높이는 가장 강력한 뿌리라는 것을 한국의 경영자들도 배워야 합니다. 그것은 배울 수 있습니다.

14
트레이더조

www.traderjoes.com

아마존이 인수한 홀푸드와 경쟁하는 미국 식품 소매유통의 강자입니다. 2020년 1월 기준으로 미 전역에 488개 매장을 운영하고 있고 본래 미국기업이었으나 지금은 독일의 슈퍼체인 개인기업에 인수되었습니다. 홀푸드가 한국의 백화점 식품매장이나 이마트 분위기라면 트레이더조는 동네 장터 분위기입니다. 고객에게 이익이 되지 않으면서 비용이 증가하는 요소들은 철저하게 버립니다. 매장에는 감시카메라가 한 대도 없습니다. 계산대에도 물론 없습니다. 가격을 올릴 목적으로 그럴 듯하게 보이도록 박스포장에서 별도 포장으로 재작업하는 일도 없습니다. 매장내 인테리어도 신경 쓰지 않습니다. 꾸밈없이 단순하고 깨끗한 것이 전부입니다. 경쟁자인 홀푸드가 예쁘게 화장한 도시여성이라면, 트레이더조는 화장기 없는 순박한 시골여성이라는 자기 모습 그대로를 보여줍니다.

구성원들은 철저하게 고객중심입니다. 이곳에서 쇼핑을 하면 마치 이웃사람들처럼 느끼게 만듭니다. 자기 업무 시간이 끝났지만 아는 사람이 들어오면 가다가도 반갑게 맞이하여 관심을 나타내고 도와줄 일이 있는지 묻는 곳입니다. 미국의 공무원들과는 완전히 다른 태도입니다. 반품은 구입하는 것처럼 편하게 계산대에서 같이 처리합니다. 고객 입장이 아닌 회사의 편익을 위해서 반품을 별도 창구로 가게 하지도 않습니다. 이유도 따지지 않고 "마음에 들지 않았나 보네요"라는 한마디 정도가 전부입니다. 반품이기에 관리자가 확인할 수 있게 종을 한번 치는 것으로 그만입니다. 주류를 제외하고는 모든 제품은 영수증이 없어도 반품 처리됩니다. 한국에서라면 반품을 위해서는 반드시 영수증을 가지고 와야 한다고 하지만 말입니다.

트레이더조는 자기상표로 파는 PB 제품이 전체 상품 구성에서 80%를 넘습니다. 이 비율은 점점 더 높아지고 있습니다. 모든 제품은 제조사와 직거래를 통해 불필요한 중간유통 가격을 제거한 덕분에 상대적으로 저렴합니다. 새로운 상품이 나오면 시식회는 물론이고, 관심을 보이면 먹어보라고 그냥 주기도 하고 포장을 뜯어서 권유하기도 합니다. 처음부터 끝까지 모든 과정에서 오직 고객중심입니다. 고객이 불편한 것, 고객에게 부담이 되는 것, 고객의 시간을 뺏는 것은 모조리 버립니다. 트레이더조가 더 성장할 수밖에 없는 확실한 증거는 바로 이런 고객중심사고와 행동의 진정성에 있습니다. 그런 기업이니 어찌 사회에서 응원 받지 않을 수 있을까요. 사회에서 망하길 바라는 기업이 있는가 하면, 제발 지속생존해서 오래도록 함께 가기를 바라는 기업들도 있습니다. 구성원들에 대한 대우도 넉넉한 트레이더조가 그런 기업입니다.

15
현대자동차

DELETE

www.hyundaimotor.com

　금년 1월 현대자동차가 수소차 올인 전략을 버리고 전기차 올인으로 대체했다는 소식을 들었습니다. 현대자동차의 이번 결단은 이미 일어난 미래를 현재로 인식하고 받아들인 현명한 결정입니다. 전기차는 일시적 유행이 아니라 전세계적인 구조적 변화에 진입하였습니다.

　수소차 올인을 주장했던 내부 경영진들은 대부분 해고되거나 교체되었습니다. 회사의 이익이 아니라 자신들의 안위와 이익을 먼저 확보하려는 사람들은 리더의 자격이 없습니다. 그런 사람들은 리더로 앉혀서도 안됩니다. 이번 전략계획의 변경이 현대자동차가 도약하는 점프대가 될 것입니다. 버리기는 우물쭈물해서는 안되고, 과감한 결단과 용기가 필요합니다. 현대자동차를 응원합니다.

버리지 못해 버림받은 기업들

1
금호그룹/아시아나 항공

www.flyasiana.com

　아시아나의 몰락은 불량 리더십을 버리지 못한 것과 자신의 능력범위를 벗어난 자금조달에 따른 현금흐름 관리능력 결함이 원인입니다. 아시아나는 대한항공과 함께 오래동안 국내 여객 시장을 독과점으로 누렸던 기업입니다. 여객 항공 산업은 계속해서 신기종을 도입하여 운항할 수 있을 때 경쟁력을 유지한다는 전제조건을 충족시켜야 하는 장치산업입니다. 따라서 수익의 일부를 배분하기보다는 지속적으로 하드웨어에 투자할 수밖에 없는 구조인 것입니다. 그럼에도 대우건설과 대한통운을 인수하는 등 과도한 차입경영으로 금호그룹의 몰락은 정해진 수순입니다. 기업이 자신이 감당할 수 없는 부채를 동원하여 확장하는 것은 혁신이 아닙니다. 그렇게 해서 성공한 기업은 얼마나 될까요. 단기적 기쁨이지만 장기적 눈물로 막을 내린 기업들이 한 둘이 아닙니다. 버려야 할 때, 버리지 못하고 오히려 더 가지려 한 것은 무모한 경영입니다. 거기에 불량리더십까지 가세하여 명을 단축시켰습니다. 아시아나의 몰락은 대한항공이 다음 차례가 될 수 있다는 것을 예고한 셈입니다. 이제 그런 문화와 리더십을 가진 기업은 버림받는 길 말고는 없습니다.

코로나의 세계적 대유행으로 산업개발과 미래에셋대우 컨소시엄이 아시아나항공의 인수를 포기할 수 밖에 없을 것이라는 소식이 들립니다. 제3자 인수가 파산보다는 나은 길인데 아시아나항공은 파산할 수도 있게 생겼습니다.

2
모토로라

DELETE

www.motorola.com

모토로라는 1928년 갤빈 형제가 무선 라디오 기술로 설립한 회사입니다. 공중 분해되었다가 모토로라솔루션스로 2011년 새로 설립되어 남아 있습니다. 통신에 대한 것이라면 모토로라의 기술특허가 엄청나게 많습니다. 1973년에 세계 최초로 무선전화기를 개발했지요. 불과 20분 밖에 사용할 수 없는 제품이었지만 이동할 수 있는 무선전화기의 발명은 획기적인 것이었습니다. 1984년 최초의 무전기형 휴대전화를 상용화 했습니다. 그러나 모토로라의 실수는 위성전화기 투자였습니다. 1998년까지 무려 60억불을 투자했습니다. 자회사로 분리했던 위성전화서비스 회사인 이리디움은 나중에 불과 2,500만불에 팔리고 맙니다. 모토로라는 아날로그 기술기반 하드웨어 중시 기업이었습니다. 디지털 시대가 도래하였고 소프트웨어가 더 중요해졌지만 모토로라의 대응이 늦었습니다. 모토로라의 고전은 1996년 퀄컴이 아날로그에서 디지털 방식인 CDMA기술을 내놓고 한국의 ETRI와 협력하며 시작되었습니다. 기존 OS를 바탕으로 제품을 개발하다 보니 시간이 더 많이 걸리고 효율은 떨어졌습니다. 외부에서 TTPCom을 인수하였지만 외주업체로부터 받아 사용하던 본래 OS에서 벗어나지도 못했습니다. 모토로라가 소니애릭슨의 기술을 구매하고 심비안 OS를 탑재하는 등 방황기가 오래되자 제품은 출시가 늦어지고 자금만 날리게 되는 과정이 반복되었습니다. 2005년 레이저라는 모델로 다시 부활하는듯 했지만 일어나지 못하고 결국 분리되어 매각되고 맙니다. 시장의 주도자라 하더라도 낡은 것에 매달려서는 지속생존 할 수 없거니와, 디지털 시대에 소프트웨어가 더 중요하다는 것을 알아차리지 못하면 거대기업도 망한다는 사례를 모토로라가 보여주었습니다.

3
테라노스

www.theranos.com

폐쇄정책으로 강국이 된 나라는 없듯이, 비밀금고처럼 운영하는 기업이었던 테라노스의 몰락은 자초한 운명이었습니다. 테라노스는 치료(theraphy)와 진단(digmosis)의 합성어로 만든 것입니다. 창업자 엘리자베스 홈즈는 내로라하는 여러 정치인들을 이사회 멤버로 영입하여 대단한 위세를 과시하면서 포장하였습니다. 홈즈는 스펙좋은 백인여성으로 19세라는 나이에 스탠포드 대학을 중퇴하고 혈액검사로 벤처기업을 창업하였습니다. 초기 6백만불 스타트업 자금으로 시작하여 무려 7억불을 끌어 모았습니다. 이사회 멤버로 영입한 정치거물들이 큰 역할을 한 것은 분명해 보입니다. 포장효과를 단단히 본 것이지요. 회사 사무실도 팔로알토의 경치 좋은 언덕에 자리잡았습니다. 테라노스 거품이 마구 커질 때 구글 벤처스의 담당자가 실제로 테라노스가 피 몇 방울로 미니랩이라는 기계를 사용하여 복잡한 혈액 검사를 끝낼 수 있는지 확인하려고 테라노스의 유통 파트너 기업인 웰그린 매장을 방문하여 그 과정을 시도해 보았습니다. 그런데 주사기로 혈액을 뽑는 것을 보고 의심하기 시작했고, 홈즈의 모호한 혈액검사 과정 설명과 실제 기술 내용 조차도 공개할 수 없다는 것이 사람들을 더 의심하게 만들었습니다. 얼마 뒤에는 주사기 대신에 작은 바늘이 들어있는 손톱깎이 크기 정도의 혈액채취 기구로 바뀌었지만 말입니다.

홈즈의 불투명 경영은 회사 전체 구성원들은 물론이고 투자자들에게도 큰 피해를 입혔습니다. 안개는 오래가지 않습니다. 홈즈가 회사 주식의 50%를 소유하여 5조원이나 되는 평가액으로 여성 억만장자였으나, 포브스가 홈즈의 자산가치를 제로라고 발표하는 순간 사기극은 막을 내렸습니다. 당시 일부 전문가들은 테라노스가 주장하는 피 몇 방울로 여러가지 혈액 검사를 마친다는 말을 믿지 않았습니다. 증명된 것이 없기 때문이었고 그것은 여전히 가설에 머문 상태였습니다. 투명하지 못한 기업문화때문에 내부에서 어느 누구도 솔직하게 의견을 말하지 못했고, 외부에서는 내부를 알 방법이 없었습니다. 로비에 도착하면 평범한 일반 응대 직원이 아니라 경찰같은 경비원 느낌을 주는 사람이 방문객을 맞이하였습니다. 스펙과 화려한 이사진의 겉포장만 보고 투자가들이 엄청난 돈을 날린 사기극이었습니다.

혈액 몇 방울로 질병검사를 마칠 수 있는 날은 반드시 올 것입니다. 그러나 전혀 준비되지 않은 미래의 아이디어로 사람들을 잠시 속일 수 있겠지만 오랫동안 바보로 만들 수는 없습니다. 창업자 자신과 회사를 망하게 한 근본원인은 바로 불투명 경영이었습니다. 투명한 것이 언제나 이롭습니다. 그 때문에 윤리경영을 하지 않을 수 없게 되는 것입니다. 지금은 투자자들과 법적 분쟁을 마무리하고, 새로운 기술전문가들을 영입하여 본래 의도했던 프로세스 개발을 시도하였으나, 성과는 내지 못했습니다. 기류를 타지 못하고 추락하는 비행기는 다시 이륙할 수 없는 법입니다. 테라노스는 2018년 9월 15살로 법인의 생을 마감했습니다. 테라노스는 전세계 기업들의 평균수명이 줄어드는 데 크게 기여했습니다.

4
코닥

코닥 몰락의 근본원인은 창업자 이후 영입된 경영자가 교만을 버리지 못한 데에 있습니다. 코닥은 1888년 미국 뉴욕에서 탄생한 장수기업 가운데 한 곳입니다. 전성기에 비하면 몰락이라고 해도 될 만큼 쪼그라들었지만 여전히 건재하지요. 2016년 회계 마감 기준으로 15억불의 매출에 1,600만불의 순이익을 남겼습니다. 2012년 법정관리에 들어갔으며 전세계에 15만명이나 되었던 구성원들은 현재 1,000명이 되지 않습니다. 코닥의 최대 아이러니는 1975년에 디지털 카메라를 세계 최초로 개발한 기업이며 1990년대에는 미국 25대 기업에 속했던 우량기업이었다는 것입니다. 듀폰이 새로운 제품을 개발하자 바로 그 제품을 대체할 수 있는 신제품 개발에 착수한 반면, 코닥은 기존 제품과 수익모델을 고수하려고 신기술로 만들어진 디지털 카메라를 잠재워 버렸습니다. 과거를 밟지 않고는 전진할 방법이 없는데도 말입니다. 코닥은 기회에 투입해야 할 비용을 과거유물의 방부제로 투입하였던 것입니다. 강점이 약점으로 변질될 수 있는 것은 강점에 너무 의존한 나머지 외부 환경의 변화를 무시하게 되는 경우인데, 코닥이 바로 그런 오류를 범한 회사입니다. 코닥은 한 때 사진 시장의 70%를 점유했던 독점 기업이었습니다. 사진기라는 하드웨어부터 필름 현상까지 전 과정을 서비스하는 플랫폼을 확보한 회사였습니다. 그럼에도 디지털 시대가 도래하고 있다는 내부 목소리를 귀담아 듣지 못하고, 기존 아날로그에 익숙한 것과의 결별을 실행하지 않았습니다. 혁신을 시도했지만 전면적인 혁신이 아니라 아날로그에 발을 담근 혁신이기에 고객들에게 감동을 주지 못했습니다. 고객이 기다려주는 것은 극히 예외적이며 그것은 사회에 이로울 때 뿐입니다.

5
세그웨이

DELETE

https://www.segway.com

세그웨이 창업자 딘 카멘은 빌 게이트처럼 대학을 중퇴하였지만 440개의 특허를 보유한 사람이었습니다. 아마도 에디슨 이후 가장 왕성한 발명가라해도 무방할 것입니다. 2001년 12월 시장에 공개된 세그웨이는 혁신이라기보다는 발명품이라고 하는 게 맞습니다. 혁신은 고객에게 해결책을 제공하는 것입니다. 발명품은 "야, 신기하다"는 말을 듣는 것에 그칩니다. 상품으로 나와도 구매까지 연결되지 않습니다. 사용하지 않을 때 고통지수가 높은 것도 아니거니와 필수품이 아니기 때문입니다. 시간이 한참 흘렀지만 이렇다할 성과를 내지 못하는 세그웨이를 2009년에 영국인 사업가가 인수하였는데, 그는 절벽에서 세그웨이를 타다가 사고를 당해 목숨을 잃었습니다. 세그웨이의 실패는 4가지 원인이 있습니다. 첫째, 고객이 아니라 자기만족과 자기생각으로만 제품을 만든 탓입니다. 세그웨이가 자동차를 대체할 수 있다는 것은 발명가의 생각일 뿐입니다. 후하게 평가해도 날씨좋은 캘리포니아에서나 통

할지 모르겠습니다. 또한 어떤 나라에서는 면허증을 요구할 수 있는 도로운송기기로 분류된다는 것이었습니다. 둘째, 가격이 너무 높아 선뜻 주머니를 여는 고객들이 없었습니다. 무려 5천불에서 7천불 가격대였습니다. 가격은 원가에서 더하는 것이 아니라 고객의 가치 인식에 따른 구매의향 가격에서 빼는 것입니다. 셋째, 세그웨이의 배터리 기술과 주행거리가 아직 고객의 기대치에 미치지 못했습니다. 초기 주행가능 거리는 20km였고 베터리는 족히 8시간 이상 충전해야 가능했습니다. 기술발전이 더 필요했던 것입니다. 타이밍이 너무 빨랐다고도 볼 수 있겠지요. 판매를 시작한 2001년부터 2007년까지 단 3만대만 팔렸습니다. 1억불이라는 개발비를 투입했는데도 불구하고 말입니다. 넷째, 편리하거나 안전하다고 보기에는 거리가 있었습니다. 제품 포지셔닝도 애매한 위치였습니다. 이런 이유들을 종합하면 세그웨이 실패는 결국 고객중심이 아니라 회사중심 사고가 근본 원인이고, 너무 비밀프로젝트로 오래동안 유지하여 시장과 고객의 기대치가 매우 높았지만 실제 제품은 고객의 기대와는 거리가 있는 발명품에 불과했다는 것입니다. 마침내 세그웨이는 2015년 샤오미가 투자한 회사로 세그웨이의 경쟁사인 중국 나인봇에 인수되고 말았습니다. 고객과 시장의 욕구를 이해하고 만족시키는 것이 아니라 발명자체에 초점을 맞추는 것은 실패한다는 것을 입증한 경우입니다.

THE
DELETE

SA 08

버리지 말아야 할 것은
무엇인가

1
비전과 사명

비전이란 프랑스의 소설가 생텍쥐페리가 그의 소설 '어린 왕자'에서 말한 것처럼, '배를 만들도록 하려면 사람들을 숲에 불러 모아 일감을 주어 배를 만들도록 명령하기보다는 그들에게 끝없는 바다에 대한 동경심을 불러일으키게 하는 것'입니다. 외부 힘으로 사람을 움직이려고 하는게 아니라, 사람들이 이미 가지고 있는 내부의 자발적 동기가 움직이게 하는 것입니다.

사명은 우리가 이 세상에 와서 한시적으로 존재하는 이유가 무엇인지 묻는 것입니다. 기업의 존재이유가 고객 창조이듯 우리의 존재이유도 반드시 있으며, 그것을 사명으로 정합니다. 구성원 전체가 조직의 사명이 무엇인지 명확히 인식하고 있다면 뜻밖의 상황이 닥쳐도 조직이 당황하거나 방황할 이유가 없습니다. 일일이 선장에게 물어볼 필요 없이 이미 합의한 사명이라는 기준을 따르면 되는 것입니다.

경영자는 여러 국면에서 항상 판단해야 하는 압력을 받게 됩니다. 경영이란 매일의 판단이 쌓이는 것입니다. 그 판단의 옳고 그름에 따라 실적이 좌우되고 때로는 기업의 운명도 결정됩니다. 따라서 항상 마음 속에 판단의 척도가 되는 명확한 기준이 필요합니다. 번번히 기준없이 임기응변에 즉흥적으로 의사결정하고 행동하는 경영자를 불안감없이 믿을 수 있는 구성원들은 없습니다. 사건이 생길 때마다 "야, 오늘은 또 어디로 튈지 몰라"라고 뒷담화가 일어나는 조직은 지속성장하기 어렵습니다. 경영자뿐만 아니라 구성원들도 올바른 판단을 하기 위해선 그 기준이 정당하고 흔들림이 없어야 하는 것이며 그 기준이 비전과 사명입니다.

자발적인 친절을 베풀고 몹시 기분 나쁘다고 느끼는 사람은 한 명도 없다고 장담할 수 있습니다. 같은 이치로 사회에 이로운 존재라는 인식과 행동이 그에 맞는 결과를 만들어 낼 때 조직 구성원들은 행복을 만끽할 수 있습니다.

사명의 기능은 어둠 속에서 빛나는 보름달이며 북극성입니다. 교세라 그룹의 이나모리 가즈오 회장의 사명이자 경영이념은 내적으로는 "물심양면으로 모든 직원의 행복을 추구한다"는 것이며 외적으로는 "인류와 사회의 진보및 발전에 공헌한다"는 것입니다. 이처럼 명확한 사명을 전체 구성원이 공유하고 있기에 할 일이 무엇이며 어떤 행동과 자세를 유지해야 하는지 혼동할 일이 없습니다. 사명은 조직의 생산성에 큰 영향을 미칩니다. 기업이 아무리 힘들어도 사명을 버려서는 안됩니다. 사명을 버려도 기업이 지속생존 할 수는 있습니다. 그러나 구성원들은 좌표를 잃은 떠돌이 배의 선원 신세로 떨어집니다. 끝내 비전에 확신을 갖지 못하여 하나 둘 회사를 떠나게 됩니다. 사명은 기업의 탄생과 지속생존을 허락한 고객의 명령이기도 합니다. 기업마다 사명이 다를 수 있지만, 고객이 바라는 결과는 단 한가지 '삶의 변화'로 증명할 수 있는 행복입니다. 고객의 그런 희망과 욕구를 만족시켜주기 위해 기업이 존재하는 것입니다.

기업의 존재를 보장하기 위해 고객이 있는 것이 아니라, 고객만족을 위해 기업이 존재한다는 것입니다. 기업은 결코 자기 힘만으로 탄생할 수 없습니다. 사회의 승인과 응원이 있어야 올바른 기업으로 시작할 수 있는 것입니다.

응급실은 환자를 치료하는 곳이 아닙니다. 응급실은 생명이 위독하거나 신속히 치료하지 않을 경우 치명적인 후유증이 남을 수 있는 사람들이 오는 곳이지요. 환자와 가족들은 오직 의사와 간호사만 바라보며 기도할 뿐, 할 수 있는 일이라곤 없습니다. 여기서 응급실 의사와 간호사들이 가져야 할 사명은 치료가 아니라 '환자와 가족들을 안심시키는 것' 입니다.

사명이 정해지면 그에 따른 목표를 뚜렷하게 정할 수 있습니다. 사명이 명령하는 응급실 근무자들의 첫번째 목표는 도착하는 '환자를 기다리게 하지 않고 즉시 진단하고 치료하는 것'입니다. 올바른 사명을 갖지 못한 조직은 고객에게도 해롭고 조직 자체에도 이롭지 못합니다.

다른 예로. 은행의 사명은 무엇이어야 할까요. 은행의 사명을 '자금을 운영하여 돈을 버는 것'이라고 했을 때 모든 고객들은 돈벌이 대상에 지나지 않습니다. 그런 은행은 돈을 많이 맡기고 대출도 많이 하는 부자들에게 굽신거리고 금액이 적거나 대출금 갚기에도 힘겨운 빈자들을 상대로 목에 힘을 주는 일이 생깁니다. 부자들에게는 이율이 낮고, 빈자들에게는 이율이 높은 자본주의의 냉혹함을 그대로 반영하는 것이 은행입니다. 그러나 은행의 사명을 '사람들을 결핍으로부터 해방시키는 것'이라고 하면 무엇을 해야 하는지 관점이 바뀌게 됩니다.

고객들은 정치권력이라는 골리앗을 이길 수 있는 유일한 다윗들입니다. 스마트폰의 일반화와 빠른 통신인프라의 보급으로 이제 고객이 정보의 주인이 되었습니다. 그런 고객들이 네트워크로 뭉치게 되면 그 힘은 한 개 기업이 감당하기 어려울 정도로 강력합니다. 고객이 시장의 주도권을 가지는 시대가 와버린 것입니다.

사명이 올바르지 못하거나 기업 존재의 근본적인 목적을 망각하는 기업은 고객으로부터 버림받게 될 것입니다. 수백 명의 생명을 앗아간 가습기 살균제로 악명높은 옥시크린 제품의 모기업도 이름을 바꾸거나 다른 형태로 존재할 수 있습니다. 그러나 사겠다는 고객이 없다면 결국 버려지게 됩니다.

조직이 잘못된 사명과 가치를 유지하고 있는 것은 시한폭탄을 가지고 있는 것과 다를 바 없습니다. 사명과 가치는 조직의 방향을 안내하는 것으로, 공항 관제탑의 레이더와 같습니다. 레이더의 부실로 생길 수 있는 결과는 의사소통이 제대로 이루어지지 않고 내부 협력의 약화로 외부 힘에 의한 파멸입니다. 사명은 비전을 현실 결과로 만들기 위해서 무엇을 해야 하는지에 대한 근본적 이유를 말해 주는 것입니다. 변화에 대처하는 것이 조직이기 때문에 사명도 바뀔 수 있습니다. 하지만 그 전환은 비전을 더 높이 세우는 것이거나 더 구체적이며 새로운 현실에 맞게 조정하는 것이지 본래의 사명을 아예 버리는 것이 아닙니다.

사명은 당연히 무엇을 해야 할 것인가를 안내하지만 무엇을 하지 말아야 하는지도 말해 줄 수 있는 것입니다. 조직의 핵심가치를 토대로 만들어진 사명은 고객의 강력한 요구가 있고, 설령 고객이 절박한 사정에 있더라도 사명에 부합하지 않는 일이라면 구성원들이 거절할 수 있는 용기와 근거를 제공합니다.

세계 최고의 정론지라고 할 수 있는 뉴욕타임스는 '진실을 찾고 사람들이 세상을 이해할 수 있도록 돕는 것'이 우리의 사명이라고 공개하고 있습니다. 언론사에게 이보다 명확한 사명이 또 있을까요?

테슬라의 엘론 머스크는 '환경오염과 자원고갈 위기에서 지구를 구하는 것'이 개인 차원의 사명입니다. 이 사명이 이끄는 목표는 '지속 가능한 이동 수단과 에너지원의 개발'인 것입니다. 이처럼 사명은 그 사명을 현실로 만들기 위한 목표를 설정하는 동력원이 됩니다.

일은 알지 못하는 외부변수에 좌우되는 경우가 많습니다. 외부 환경이 엄청나게 바뀌었는데 같은 수단으로 목표를 달성할 수 있는 방법은 없지 않을까요. 이때는 재빠르게 상황에 맞는 수단과 방법을 강구해서 대응해야 합니다. 그렇더라도 당초 설정한 사명과 목표는 변함없이 북극성을 유지하도록 지키고 더 의미있는 것으로 바꿀 수는 있는 법입니다.

비전과 사명의 구분
비전은 개인이나 조직이 달성해야하는 결과에 초점을 맞추는 것이고 사명은 개인이나 조직의 존재 이유와 목적을 말하는 것이다

비전과 사명을 정하는 보기로 만약 가난한 사람을 돕는 자선단체라면, 비전은 '가난없는 세계'라고 해야 하고, 사명은 '가난한 사람들에게 일자리를 제공하는 것'이라고 할 수 있습니다. 이렇게 비전과 사명을 설정하면 그에 따른 행동계획이 무엇이어야 하는지 분명하게 알 수 있습니다.

울산에 본거지를 두고 전국에 고객을 가지고 있는 기아자동차의 12번째 그랜드마스터가 있습니다. 기아자동차 창사 이래 역대 최단기 4천대 판매라는 역사를 창조하여 '명예의 전당 Grand Master'에 이름을 올렸습니다. 현대자동차의 아성인 울산에서 현대차보다 기아차를 더 많이 팔고있는 정성만 부장은 '사명'을 모든 과업의 시작에 두고 기아차 역사상 최고의 성과를 입증한 자동차 마케터입니다. 누적 판매고 4천대를 돌파했습니다. 이것은 기아자동차 어느 누구도 아직 달성하지 못한 신기록입니다. 정성만 부장 역시 성과가 급격히 떨어지는 고난의 시기가 있었습니다. 이때 정성만 부장은 "내가 하는 일은 고객에게 이로운가?" "나는 고객 가치에 대한 기준을 세우고 내가 정한 사명대로 실천하고 있는가?" "나를 응원해 주는 사람들은 고객인가 단순한 구경꾼인가?"라는 질문을 스스로 던지고 오랫동안 고심했습니다. 정성만 부장은 이 모든 질문에 대한 답을 경영철학 공부에서 찾을 수 있었습니다. 우리는 같이 드러커 경영철학을 공부한 도반입니다.

정성만 부장은 드러커가 가르쳐준 마케팅의 기능, 즉 '영업이 필요 없게 하는 것'이 무엇인지 깨달은 사람입니다. 지식노동자는 자신의 지식으로 타인이 목표를 달성하도록 도울 수 있을 때, 그 지식이 살아있는 것입니다. 정성만 부장은 자신의 깨달음을 판매 현장에 망설임없이 적용하였습니다. 처음부터 사명에 초점을 맞추고 출발했습니다. 판매의 기본이라고 수없이 들었던 기존 판매 방식과 선배들의 조언을 과감히 버릴 수 있었습니다. 사명은 현실이 되었습니다. 조직과 개인, 고객 모두가 만족할 만한 놀라운 성과를 이룬 것입니다.

비전과 사명의 가치와 중요성을 깨달은 기업가가 있습니다. 부산에서 1983년 창업하여 지금까지 승승장구하고 있는 '희망통닭'은 창업자 류근태 회장의 사명이 만든 성과입니다. 희망통닭 매장 벽에는 희망통닭의 비전체계가 크게 인쇄되어 붙어있습니다. 고객들에 대한 공개적인 약속입니다. 작게 시작했지만 이제는 부산의 명소가 된 독립 통닭 기업입니다. 아들에게 경영수업을 시키면서 자선사업가라는 제2의 인생소명을 따르고 있습니다.

끝으로 스웨덴의 국세청은 국민들이 기피하고, 두려워하고, 매우 성가신 존재에서 납세자들로부터 사랑받고 응원받는 조직으로 변신했습니다. 비전과 사명으로 조직이 어떻게 바뀔 수 있는지의 사례는 무수히 많습니다. 비전과 사명은 올바른 경영으로 성장을 원하는 조직에서 버려서는 안되는 절대조건입니다.

2
사회적 책임

기업의 가장 큰 사회적 책임은 지속생존과 성장입니다. 그렇게 할 수 있을 때 고용을 창출하고, 조직을 확대할 수 있습니다. 법인은 법적으로 사회에서 그 탄생을 허락 받은 사회의 구성원입니다. 사회 구성원이 그 사회에 기여할 수 있는 최고 성과는 일자리 제공입니다. 이를 위해서 경영자는 반드시 조직운영의 결과로 경제적 이익이라는 성과를 달성해야 하고 그것 없이는 어떤 기업도 지속생존할 수 없습니다. 그렇지만 이익이 기업의 궁극적인 목표가 아니라, 미래생존을 위한 보험기능이라는 점을 알아야 합니다.

착한기업이 될 생각이 없다면 처음부터 창업하려는 욕심을 버려야 합니다. 그것은 출생부터 사회악입니다. 이렇게 말하면, "거 참, 철없는 사람이군. 세상 물정을 그렇게 모르나. 회사를 경영하는데 어떻게 착하게만 할 수 있는가. 그렇게 하면 망하는 겁니다."라고 할 것입니다. 그러나 극단적인 예가 되겠지만, 누군가는 코카인을 생산하고 팔아 돈을 벌더라도 우리 사회가 굳이 그렇게까지 해서 먹고 살아야 할 나라는 아니라고 봅니다. 돈의 가치는 그 돈을 버는 과정에서 마음이 담기는 법입니다.

처음부터 의도가 선하지 않다면 우리는 그런 것을 사기라고 하고, 회사를 운영하다가 불가피한 상황에 부딪혀 과오를 범하는 것은 도전이라고 말합니다. 사기꾼은 감옥으로 보내지만, 도전에 실패한 사람은 재기의 발판을 마련해 주는 것이 사회입니다. 그리고 그것이 가장 잘 되어있는 곳이 미국 실리콘밸리입니다. 한국이 본받아야 할 미국 문화 가운데 한 가지는 바로 실리콘밸리의 선순환 생태계입니다. 그러나 LA가 이름과 달리 천사의 도시가 아니듯 실리콘밸리라고 완벽한 유토피아라거나 무결점 사회는 아닙니다. 그 곳에도 뒷거래와 부패의 추악한 면이 많이 존재합니다. 그렇지만, 그런 부조리를 제거하고 올바른 기업문화를 만들려는 도전과 노력도 가장 많은 곳입니다.

사회적 책임이란 '진정성 있는 사회공헌'을 뜻합니다. 비영리기업이라거나 사회적 기업이어야 한다는 것은 아닙니다. 사회공헌 활동을 하게 되면 회사의 평판이 좋아지고 사원들도 자부심과 함께 더 열심히 일하게 되는 선순환 효과가 있습니다. 그러니 하청기업이라도 갑과 을의 관계가 아니라 파트너 관계로 여기며 협력할 수 있다면 그로부터 긍정효과는 사회 전체로 퍼지게 됩니다.

3
알면서 해를 입히지 말라

DELETE

　비지니스 세계는 법, 도덕, 윤리가 수시로 충돌하는 인격 시험장입니다. 고객 중에는 회사의 윤리규정을 무시하고 리베이트를 요구하거나 부정청탁이나 조건부 거래를 제시하기도 합니다. 매출을 올려야 하는 회사 입장에서는 곤란한 상황인 것이지요. 이것은 외부의 일이지만 조직 내부에서도 그런 일들이 벌어지곤 합니다. 그때 경영자는 어떤 경우에도 단 한 가지 원칙, '절대로 상처입히지 말라'는 히포크라테스의 선서를 상기할 필요가 있습니다. 따라서 파트너 기업이 곤란에 처했을 때 법, 도덕, 윤리적인 면에서 자신이 옳고 정당하다 하더라도, 자신의 의사결정과 그에 따른 행동이 고객에게 상처 입히는 일이라면 다시 생각해보아야 합니다.

　중요한 프로젝트를 성사시키기 위해 고객에게 뇌물이나 이권을 주고받는 것은 고객이 그런 것을 원한다 하더라도 해서는 안될 일입니다.

그것은 고객에게 해롭기 때문입니다. 이미 결혼하여 가정을 꾸린 유부남이나 유부녀를 상대로 사랑한다고 말하면서 이혼하고 결혼해달라고 매달리는 행동은 모두 상대를 이롭게 하는 것도 아니며 상처 입히는 일입니다. 그런 것은 상대가 그것을 원해도 단호하게 거절해야 합니다.

구성원 가운데 어떤 사람이 회사 정보를 이용하여 개인적 이득을 취했다고 해보겠습니다. 그럼 그 사람을 즉시 해고하거나 처벌해야 할까요. 이런 경우에 공동체 구성원들에게 '상처입히지 말라'는 원칙을 떠올린다면 그 구성원이 어떤 상황에서 어떻게 그런 행위를 했는지 이해하기 위해 원인과 동기를 파악하는 것이 먼저 취해야 할 행동입니다. 처벌하지 말아야 한다는 것이 아닙니다. 반드시 처벌해야 합니다. 그러나 처벌은 급한 일이 아닙니다. 처벌자체가 목적이 아닙니다. 바로 잡는 것이며 그런 일이 조직내에서 재발하지 않도록 시스템을 만들고 구성원들의 삶을 먼저 살피는 것이 경영자의 일입니다. 상대가 선을 추구하고자 할 때, 그에게 해를 입히지 않겠다고 하는 것이야 말로 경영자의 진정성을 담은 리더십입니다. 그럼에도 불구하고 그런 악행을 수없이 저지른 사람은 버젓이 잘살고, 오히려 큰소리까지 치면서, 더욱이 그런 사람들을 정의와 공정의 재판에서 면죄부까지 주는 법률기술자들이 한 두사람이 아닌 것이 한국의 현주소입니다. 이런 사회에서 정의와 공정이 발 뻗고 잘 수 있을까요. 드러커가 지식노동자라면 절대 하지 말아야 한다고 말한 것이 바로 이런 것 때문입니다.

4
이타심

DELETE

인간은 어떤 경우든 부모가 있어 태어납니다. 잉태하였을 때부터 부모의 사랑과 노력으로 세상에 나오게 되는 것입니다. 뭐, 부모의 사랑과 노력이 아니라고 해도 세상에 던져진 존재입니다. 그것은 기업도 마찬가지입니다. 모든 인간과 법인은 처음부터 타인의 도움으로 탄생하고 지속 생존할 수 있습니다. 그러니 이타심이 앞서야 하는 것입니다. 앞서 살펴본 '기브앤테이크'의 저자 애덤 그랜트는 인간의 세 가지 유형 가운데 가장 바람직한 모습이 기버형이라고 했습니다. 다만, 테이크형에게 언제나 당하고만 살지 않는 현명한 기버형이 되어야 하겠지만 말입니다. 그런 현명한 기버형이 기업이라는 법인의 인간적 유형입니다. 기대든, 희망이든, 실물이든 고객에게 먼저 제공하지 않고 고객의 응원을 받을 수는 없습니다. 고객을 위해 존재한다는 것이 입증되면 고객은 후원자가 되고 기업의 지속생존을 보장해주는 팬이 되어 자발적으로 팬덤을 만듭니다.

교세라 그룹 창업자인 이나모리 가즈오는 '인간으로서 무엇이 올바른 것인가'라는 물음을 경영 판단의 기준으로 삼는다고 했습니다. 불타는 투혼으로 기업을 경영하되 '세상을 위해, 사람을 위해'라는 고귀하고 올바른 동기를 가져야 한다는 것이며 그것이 바로 이타경영입니다. 이타경영을 하지 않으면 탐욕이 커지고, 사회에 해를 끼치게 됩니다. 물론 기업도 당연히 문을 닫게 됩니다. 가즈오는 상징적인 사례로 이기적인 욕망에 근거한 미국식 자본주의의 폐해를 들었습니다. 그는 "인간의 욕망을 원동력으로 했던 것이 자본주의지만, 그것이 지나쳐 계속 편리한 것만을 추구한 결과 2008년 글로벌 금융위기를 낳았다"고 했습니다. 충분히 공감할 수 있는 말입니다. 그는 경영자라면 반드시 이익을 내야 하지만 이익을 추구하는 데도 길이 있다며 이타심 없는 경영은 오래가지 못한다고 주장했고, 거래처와 구성원을 포함해 모든 사람을 행복하게 해주는 경영이념이 필요하다고 말했습니다. 철학이 없는 경영자는 사회에 이로운 존재가 되기 어렵다는 것에 공감할 수 밖에 없습니다.

경영자는 구성원들에게 양의 탈을 쓰거나 악어의 눈물을 보이지 말고 언제나 감사하는 마음을 가져야 합니다. 지금까지 생존하고 성장한 기업이라면 창업자나 경영자 혼자의 능력과 노력뿐만 아니라 구성원, 고객, 사회의 공헌과 응원이 있어 가능한 것입니다. 경영자는 전체 구성원들의 이름 또는 사진을 담은 액자를 걸어 두고 날마다 '고맙다'라는 인사를 해야 합니다. 이 세상 모든 것은 원자로 구성되었다는 것이 지금까지의 과학이 입증한 결과입니다. 보이는 것과 보이지 않는 모든 것이 파동 에너지로 연결된다고 하니, 과학적 증명 없이는 믿지 않는 과학자들의 말을 믿어 보시기 바랍니다.

5
인본주의

경영은 어떤 경우든 사람에 관한 것입니다. 돈보다 사람이 우선되어야 합니다. 돈이 없다고 응급실에 온 사람을 저버리는 병원이라면 그 사회에 있어야 할 가치가 없습니다. 사람을 수단이나 도구로 사용하는 기업은 사라져야 합니다. 그게 사회에 이롭기 때문입니다. 사람은 사회의 주인이자 더 나은 사회로 발전시킬 수 있는 구성원입니다. 구성원 없이 사회가 존재할 수는 없는 일입니다.

기업에서 해고가 자유로우려면 정부에서 노동자들이 해고에 따른 고통을 감수할 수 있는 장치를 제공해야 합니다. 해고를 당해도 실직 기간 동안 충분한 정도의 경제적 지원이 있고, 다시 일자리를 구할 수 있는 여건을 만들어 주어야 합니다. 그런 선제조건없이 해고를 자유롭게 허락하는 것은 인간을 도구로 인식하는 처사입니다. 과거 우리 경제규모가 작고 경제력이 부족했을 때는 어쩔 수 없다 하더라도 세계 10위~

12위에 있는 경제수준이면 능히 감당할 수 있습니다. 이것은 미룰 수 없는 책임입니다. 여기에 경영자들이 적극적으로 동참해야 하는 것은 사회적 요구가 아니라 그들의 의무입니다.

한국은 민주주의 정치제도와 자본주의 경제제도에서 살고 있는 것이 현재 상황입니다. 이 두 사회 시스템이 최적이 아니라도 우리가 선택한 것이므로 이 바탕에서 인본주의를 구현해야 합니다. 민주주의는 'No'라고 말 할 수 있는 것이고, 자본주의는 돈이 주인이라는 말입니다. 그렇지만 이 두 기둥은 결국 인본주의라는 대들보를 떠받치고 있는 것이므로, 인본주의는 어떤 상황에서도 버리지 않아야 하는 사회 공동체의 근본 가치입니다.

SA 09

버린 다음 지속생존과
성장을 위한 혁신

1
혁신이란 무엇인가

DELETE

바쁘다는 것이 경제적 성과를 뜻하는 것은 아닙니다. 결과를 만들어 내지 못하는 활동 또는 적어도 실패하더라도 배움이 없는 것은 모두 자원의 낭비라고 할 수 있습니다. 혁신이 세상 모든 기업의 필수과제인 것은 분명하지만 거창한 것만은 아닙니다. 진정한 혁신은 세상에 없던 새로운 것을 만들어 내는 것만 말하는 것이 아니라, 고객의 기대를 근 본적으로 바꾸는 것입니다. 고객이 예상하지 못한 가치를 제공할 수 있 을 때 혁신 노력은 빛을 발하게 됩니다. '혁신이란 작게는 기존자원이 새로운 부를 창조하도록 하는 것이며, 고객이 기대하지 못했지만 등장 하자 마자 감동하고 인정하는 새로운 가치와 만족을 창조하는 것'입니 다. 혁신은 어제를 벗어나 내일로 향하는 유일한 톨게이트입니다. 혁신 은 등산입니다. 등에 100kg이나 되는 짐을 지고 8천 미터를 넘는 에베 레스트 산에 오를 수는 없는 일입니다. 혁신은 사명의 재확인과 버리는 것에서 시작되고, 사회, 경제, 인구, 기술의 변화를 기회로 활용하는 것입니다. 아이스하키의 전설이라고 불리는 웨인 크레츠키의 말을 빌리면 "기업이 달려가야 할 곳은 이미 기회가 있는 곳이 아니라 기회가 등장할 장소에 타이밍을 맞추는 것" 입니다.

혁신의 출발은 기업의 사명을 원점부터 다시 살펴보아야 합니다. 그로부터 기업활동의 목적과 목표가 뚜렷해지고, 방향을 재확인할 수 있기 때문입니다. 그리고 이어지는 것이 그 기업이 하려는 사업 즉 '우리의 사업은 무엇인가'에서 출발하고 강점을 확인하는 것입니다. 현재 가지고 있는 강점과 하고자 하는 사업에 반드시 필요한 강점을 확보하는 방법을 정하며, 인적자원을 다시 점검합니다. 이 단계를 밟아가면서 조직 전체가 버려야 할 것과 확보해야 할 것을 인식하게 되는 것입니다.

혁신이라는 이름을 내걸고 하는 도전은 성공보다 실패가 더 많습니다. 따라서 한 개의 혁신성공이 수많은 실패를 보상하고도 남아야 할 정도로 양보다 질이 중요하게 됩니다. 경영자가 인정해야 할 것은 혁신은 하루아침에 쉽게 일어나지 않으며 느리게 진행되기 때문에 많은 인내심과 장기적 집중력이 필요하다는 것입니다.

혁신이 변화를 만들어 내기도 하지만 그것은 드물다고 할 수 있습니다. 스마트폰 사업에서는 모토로라와 노키아가 제품 완성을 위한 보완기술들의 선두였으나 결승선에 먼저 도착한 것은 애플이었습니다. 애플은 스마트폰 혁신으로 불투명한 세상을 투명하게, 거의 빛의 속도로 빠르게 바꿀 수 있는 도구를 제공했습니다. 이런 혁신은 결코 아무나 할 수 있는 것이 아닙니다. 보통 이미 일어난 변화를 이용하거나, 변화와 그 변화를 사람들이 인식하고 받아들일 때까지의 시차를 이용하게 됩니다. 하지만, 이 시차기간은 길지 않기에 다음 단계로 도약하지 못하면 추락하고 맙니다. 경영에는 죽음의 계곡이 곳곳에 도사리고 있습니다. 그 계곡을 뛰어 넘어야 합니다. 많은 사람과 기업들은 여전히 어제에 머물고 있기에 성장을 토대로 혁신활동에 초점을 맞추는 기업이 치열한 경쟁자를 만나는 일도 없습니다. 그것은 아침부터 저녁까지 정체가 끔찍한 도로도 늦은 밤부터 새벽까지라면 막힘없이 고속주행이 가능한 것과 같은 블루오션입니다. 첨단기술 분야의 혁신은 많은 자원투입이 필요하며 새로운 기술적 도전이라 실패율은 높고, 성공률과 지속생존율은 낮습니다. 하지만, 성공했을 경우의 보상은 수많은 실패를 보상하고도 남을 만큼 클 것입니다. 반면, 혁신을 피하고 기존자원을 단순히 최적화하려는 노력만큼 위험한 것도 없습니다. 아쉽게도 2020년 1월에 생을 마감한 크리스텐슨 교수가 말한 '파괴적 혁신' 기업의 도전을 받고는 무너질 것입니다. 대기업이라면 버틸 체력이 있겠으나 중견·중소기업에게는 어림없는 일이지요. 구글이 이것을 증명했고, 넷플릭스도 증인 대열에 합류했으며, 우버는 아예 배심원들을 바꾸어 버렸습니다.

혁신 자체가 새로운 자원을 만들어 냅니다. 혁신이 도입되기 전까지 사람들의 인식에서 약초는 잡초로, 광석은 돌덩이로, 페니실린 곰팡이는 병균으로, 심지어 석유도 냄새나고 처리가 골치아픈 기름덩어리로 취급받았습니다.

　혁신은 공급보다는 수요를 강조해서, 소비자가 자원에서 얻는 가치와 만족을 바꾸는 활동이라고 할 수 있고, 내부 강점을 외부 기회와 연결하는 것입니다. 성공적인 혁신전략은 현재가 아니라 다음에 올 것에 초점을 맞추는 것입니다. 불치병이라하여 명의도 포기했던 환자가 어느날 갑자기 완쾌되는 기적이 일어납니다. 경영혁신이라고 해서 반드시 체계적인 방법으로만 달성할 수 있는 것은 아닙니다. 예외는 언제나 있는 법이지요. 그러나 그런 기적은 배울 수도 없고 모방할 수 있는 것도 아니며 예측은 더욱이 불가능합니다. 언제 숨이 넘어갈지 모르는데 마냥 기적을 바라면서 기다릴 수 없는 일입니다. 혁신의 원칙과 핵심이 무엇인지 파악하고 그에 따라 혁신을 달성하기 위해 꼭 해야 할 일과 하지 말아야 할 일의 조건들은 배울 수 있습니다.

2
꼭 해야 할 일

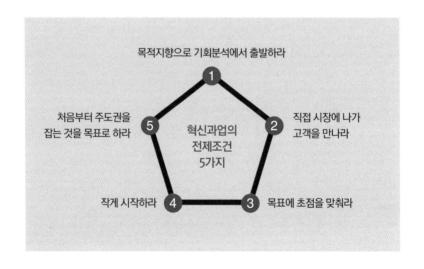

1 목적지향으로 기회분석에서 출발하라

혁신 주제와 그로부터 얻는 기회는 산업이나 기업마다 다르므로 혁신 기회의 탐색과 분석은 전담할 수 있는 별도 조직을 운영해야 합니다.

2 직접 시장에 나가 고객을 만나라

정확한 공식 통계 외에 가상 소설같은 보고서에 의지하는 경영자는 게으르거나 무책임한 사람입니다. 경영자의 책상 위에 올라오는 보고서가 시장과 고객의 실제 현실을 반영하는 것인지 어떻게 알 수 있을까요. 유일한 방법은 시장에 나가 고객을 만나고 확인하는 것 뿐입니다.

3 목표에 초점을 맞춰라

흔히 혁신결과가 시장에 등장한 뒤에, "아니 겨우 이거야, 왜 우리는 이런 쉬운 것을 생각하지 못했지"라는 말을 합니다. 새로운 고객과 시장에서도 혁신이 일어나야 할 구체적 용도, 수요, 최종결과에 초점을 맞추는 것이 중요합니다.

4 작게 시작하라

혁신활동은 거창하지 않아야 합니다. 혁신 자체가 미지의 세계를 탐색하는 것에서 시작하는 것이고, 결과를 예측할 수 없으니 처음에 자원투입을 소규모로 하고, 한정된 시장을 대상으로 작게 출발하는 것이 유리합니다. 너무 거창하게 시작하면 항공모함을 조종할 때 재빨리 항로를 변경할 수 없는 것처럼 한번 들어가기 시작한 자원은 회사를 위험에 빠뜨릴 수 있을 만큼 많이 요구합니다. 갓난 아기에게 소식(小食)이란 없는 법입니다. 그러므로 혁신은 출발부터 전혀 예상하지 못했고, 알 수도 없는 위험이 올 것이라고 생각해야 합니다.

인도네시아의 선도적 대기업인 자바베카그룹의 달모노 회장은 한국의 정주영회장처럼 혁신기업가의 대명사이기도 합니다. 그는 "크게 생각하지만, 작게 시작하고, 빨리 움직여야 혁신에 성공한다"는 원칙을 가지고 대성공을 거둔 사람입니다.

5 처음부터 주도권을 잡는 것을 목표로 하라

혁신의 시도 끝에 대기업으로 성공하게 될지 작은 성과로 끝날지는 알 수 없습니다. 목표시장이 클 수도 있고 작을 수도 있지요. 그렇지만 처음부터 시장의 주도권을 잡지 않으면 자칫 경쟁자만 끌어들이는 기회를 제공하고 자신은 밀려나게 됩니다. 혁신하면서 작은 목표를 설정한다는 것은 처음부터 그 시장의 주도자가 될 생각이 없는 것과 같습니다. 마케팅이 '1+1 〉 2'를 목표로 한다면, 혁신은 '1+1=11'을 목표로 하는 것입니다.

3
혁신활동에서 명심해야 할 일

DELETE

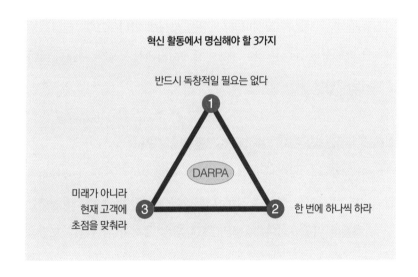

혁신 활동에서 명심해야 할 3가지

반드시 독창적일 필요는 없다

1

DARPA

미래가 아니라
현재 고객에   3   2   한 번에 하나씩 하라
초점을 맞춰라

1 반드시 독창적일 필요는 없다

평범한 사람도 추진할 수 있어야 합니다. 우수한 사람들만 해야 하는 혁신은 사람을 구하지 못해 진행하지 못하고 실패하기 쉽습니다. 인재란 희소하기에 언제 얼마나 확보할지 알수 없습니다.

2 한 번에 하나씩 하라

이것 저것에 모두 손대면 자원이 금방 소진될 뿐 아니라 어느 것 하나 제대로 성공시키기도 어렵습니다. 조직내 자원이 초점을 맞출 수 있는 핵심이 있어야 합니다. 자원공급 능력을 벗어난 다각화와 분산은 혁신활동에 가장 해로운 것입니다. 전선을 동시에 여러 곳으로 벌려서는 실패할 가능성이 높다는 것이 제2차 세계대전에서 독일의 패배로 이미 증명되었습니다.

3 미래가 아니라 현재 고객에 초점을 맞추어라

이 말은 오늘의 경영이 미래의 결과를 위한 것이라는 말과 충돌하지 않습니다. 컴퓨터도 최초 등장하고 25년이 되어서야 제대로 작동하는 상용 제품이 나왔습니다. 혁신은 25년 뒤에 고객이 넘쳐나는 모습을 상상하는 일이 아닙니다. 그때까지 기업이 살아 있을지 알 수 있는 사람은 아무도 없습니다.

오늘의 고객이 기다리는 솔루션을 제공해야 합니다. 에디슨은 사람들의 전기 지식이 보편화 할 때까지 10년을 기다렸다가 2년 동안 전구라는 단 하나의 혁신주제에 집중하여 시장의 주도자가 되었습니다. 미래는 위험 속에서 탄생하는 법입니다. 혁신이 위험을 피하여 미래를 현실로 당겨올 방법은 없습니다.

이와 관련하여 미국의 국방연구소격인 다르파는 전형적인 혁신조직의 본보기라고 할 수 있습니다. 다르파의 개발전략 첫 계명은 '파격적인 혁신'이며 성공여부를 검증하는 방법은 '미래를 미래에 만나는 것'이 아니라 '미래를 현실로 만드는 것'이라고 했습니다. 다르파는 25년 뒤의 미래를 기대하는 것이 아니라, '미래를 현재로 가져온다'는 혁신 목표를 실행하고 있습니다.

다르파가 우리 삶에 기여한 것은 엄청난데, 미항공우주국 나사(NASA)도 여기서 분사한 것이며 오늘의 인터넷, GPS, 모바일 전화, 야간투시경, 원거리 통신, 기상위성등 수없이 많습니다. 다르파는 인간의 능력을 향상시키기 위해 노력했던 기관으로 기억되기 원합니다. 그런 다르파가 2017년 텔레파시 개발을 위해 뇌와 기계의 인터페이스 기술 개발에 장기투자로 30억 불을 할당하고 전진하고 있으니, 미국이 100년 이내에 G1의 위치를 놓칠 가능성은 제로에 가깝다고 추정합니다.

4
혁신을 성공시키는 3가지 조건

DELETE

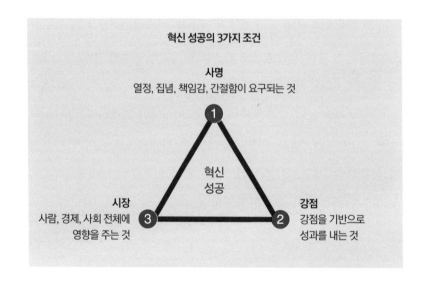

혁신 성공의 3가지 조건

사명
열정, 집념, 책임감, 간절함이 요구되는 것

❶

혁신
성공

시장
사람, 경제, 사회 전체에
영향을 주는 것

❸

❷

강점
강점을 기반으로
성과를 내는 것

1 혁신을 사명으로 인식하라

열정, 집념, 책임감이 절실합니다. 이것 없이는 지식도 아무 소용 없습니다. 마지못해 하는 일이 아니라 참여한 사람들의 간절함을 담은 혁신 활동은 성공할 가능성이 높습니다.

2 조직의 강점을 바탕으로 하라

조직의 강점이면서 조직문화에 맞아서 좋아하는 일이 아니면 성과를 내기 어렵습니다. 그게 아니면 좌절하거나 포기하기 십상입니다. 따라서 혁신활동은 조직의 강점을 활용하는 것이어야 합니다.

3 시장 지향적 사고를 하라

혁신은 사람, 경제, 사회 전체에 영향을 주는 일입니다. 스마트폰은 기술제품에 불과하지만 전세계 모든 시장 모든 잠재 사용자를 대상으로 출발한 것입니다. 그 한 개가 세상을 더욱 투명하게 만들고 민주화를 앞당기는 원동력이 되었습니다.

5
혁신기회의 탐색 방법

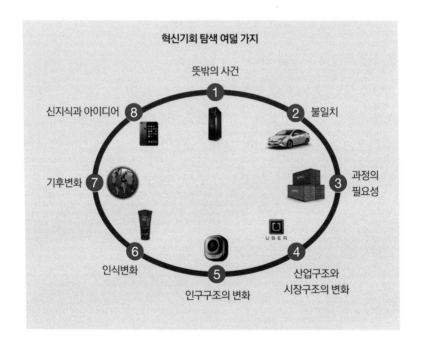

혁신이란 '기존 자원이 새로운 부를 창출하도록 하는 것'이며, '문제를 기회로 전환하는 것' 입니다. 버리기 다음에 이어지는 혁신의 출발은 기회탐색입니다.

드러커가 제시한 혁신 탐색기회 7가지를 기본으로 드러커가 제시하지 않은 기후변화까지 추가하여 8가지로 정리했습니다.

1 뜻밖의 사건

(1) 뜻밖의 성공

아무도 주의를 기울이지 않는 것이고, 눈에 잘 띄지도 않습니다. 그래서 무시하거나 지나치기 쉬운 것입니다. 지금은 컴퓨팅 업계의 대기업이나 1930년대로 돌아가면 당시 IBM은 세계 최초로 은행용 전자기계식 장부정리 기계를 개발하는데 있는 돈을 모두 다 써 버렸습니다. 1930년대라면 미국의 대공황 시기라 어떤 은행도 그런 고가 장비를 살 여력이 되지 못했지요. 행운은 최악의 위기에 우연히 찾아오기도 하는 법입니다. IBM의 왓슨 회장이 어떤 만찬회에서 옆에 앉게 된 여성이 IBM의 새로운 기계에 관심을 보이면서 왜 뉴욕 공립도서관에 보여주지 않는지 물었습니다. 그 여성은 바로 그 도서관의 관장이었고, IBM은 다음날 그 도서관을 방문해서 충분한 주문을 받고 도약하게 됩니다.

2 시장과 고객 사이의 불일치와 과정의 필요성

(2) 시장과 고객 사이의 불일치

실제 현실과 모든 사람이 당연히 그래야 한다고 가정하고 있는 것의 차이에 혁신 기회가 있습니다. 1973년 중동에서 일어난 석유파동을 계기로 일본 자동차는 소형이면서 연비가 높다는 것을 내세워 미국시장에서 돌풍을 일으키기 시작했고, 일본은 두 번째 도전으로 드디어 미국시장에 안착하게 되었습니다. 대형차만 선호하던 미국인들이 석유 가격 폭등으로 비용을 무시할 수 없게 되었던 것입니다. 시장과 고객 사이의 간격, 즉 불일치는 4가지로 나눌 수 있습니다.

- 일치하지 않는 경제적 현실
- 현실과 그에 대한 가정 사이의 불일치
- 가치와 기대에 대한 소비자의 인식과 실제 현실 사이의 불일치
- 프로세스의 리듬 또는 논리적 불일치

(3) 과정의 필요성

이것은 예상치 못한 것이나 기업, 산업, 서비스부문 내부에 있고, 다른 혁신기회 요소와 병용하기도 합니다. 다른 점은 환경 변화에서 시작하는 것이 아니라 당연하게 해야 할 일을 기초로 한다는 것입니다. 즉, 상황이 아니라 과업에 초점을 맞추는 일인 것입니다. 내부자들은 이미 알고 있는 것일 수도 있는데, 바로 잃어버린 연결고리를 찾는 작업입

니다.

　지금은 땅, 하늘, 바다 모든 영역에서 제품운송박스의 기본은 모두 컨테이너입니다. 1950년대에 미국의 트럭운전사이자 트럭 운송업체를 운영하던 말콤 맥린은 지금처럼 미국에서 고속도로가 완벽하게 건설되기 전이라 미 동부지역의 심한 교통체증을 겪었습니다. 처음에 맥린은 교통체증을 피해 트럭을 통째로 배로 실어 뉴욕에서 노스케롤라이나로 운송할 생각을 했습니다. 그러다가 트럭이란 결국 박스를 운반하는 기능에 불과하며 핵심은 제품을 담는 박스라고 생각하게 되었고, 트럭과 박스를 분리하는 아이디어를 생각해 냈습니다. 마침내 1956년 부두하역 노동자들의 반대를 극복하고 씨랜드사를 설립하여 컨테이너 박스의 해상운송 시대를 열게 됩니다. 그러나 혼자 힘으로 표준을 만들기는 쉬운 일이 아니라 운송과 하역의 이점이 컸음에도 확산되지 못했습니다. 행운은 예상치 못하는 곳에서 오는 법이지요. 1960년대 베트남 전쟁이 컨테이너 사업의 물꼬를 트는 계기가 되었습니다. 군수품 하역에 골치를 앓던 미군은 맥린의 제안을 받아들여 컨테이너 운송방법을 시험삼아 써보았는데 그 효율성이 탁월하자 군수품 운송사 모두에게 컨테이너를 쓰도록 요구하였습니다. 이때 베트남에서 물건을 내린 빈 컨테이너가 일본을 거쳐 제품을 채우고 미국으로 들어오면서 일본 제품의 미국진출에 큰 역할을 한 것은 일본의 행운이고, 동아시아 전체에 운송혁명을 일으키게 됩니다.
　단순한 금속박스에 불과한 컨테이너의 등장은 세계 무역이 활성화되는 기폭제 역할을 했으며 운송속도와 가격인하에 큰 공헌을 했습니다. 그러나 동시에 하역인부들의 일자리가 사라지게 되는 원인이 되기도 한 것입니다.

과정의 필요성으로 개발된 또 하나의 혁신 제품이 키보드입니다. 오늘날 표준으로 자리잡은 키보드는 처음 타자기가 개발된 뒤 지속적인 개선으로 탄생하였습니다. 1873년 미국의 발명가, 신문사 설립자, 정치가였던 크리스토퍼 라담 숄즈가 오랫동안 인내심을 발휘한 결과입니다. 과정의 필요성에는 아래 다섯 가지 잣대가 있어야 합니다.

- 그 과정이 독립적이어야 하는 것
- 잃어버린 연결고리가 존재한다는 것
- 목적을 분명하게 정의할 수 있어야 하는 것
- 문제해결 방안이 명확하게 규정될 것
- 해결책이 있다는 열린 마음으로 폭넓게 지식을 받아들일 것

전체 순서는 과정상의 필요성이 발견되고 나서 5가지 잣대와 맞는지 검토한 후, 다음 3가지 조건을 충족하는지 확인해야 합니다.

- 우리는 정말 필요한 것이 무엇인지 이해하고 있는가
- 그 필요한 것을 충족시키기 위한 지식은 지금 이용할 수 있거나, 최신 기술 수준에서 해결할 수 있는가

- 그로 인한 해결책이 목표시장 사용자의 도덕 기준과 가치기준에 맞는가, 아니면 어긋나는가

위 3가지 가운데 마지막 내용인 목표시장 사용자의 도덕기준과 가치기준에 주목해야 합니다. 이 기준을 벗어난다면 혁신이라 할지라도 시장에서 받아들일 수 없거니와 시장을 주도할 만한 '파괴적 혁신'으로 발전하기 어렵습니다. 시장과 고객의 응원을 받지 못하는 혁신은 성공할 수 없기 때문입니다.

3 구조와 인식의 변화

⑷ 산업구조와 시장구조의 변화

먼저 산업구조와 시장구조의 변화를 관찰해야 합니다. 시대변화에 따라 사람들의 인식이 변하는 것에 호기심을 가져야 합니다. 그것은 해당 산업과 기업 외부에 있는 사람들에게는 매우 뚜렷하게 보이며 기회라고 느낄 수 있는 것입니다. 그렇지만 내부에 있는 사람들은 그것을 위협으로 인식하고 방어적 자세를 취하게 됩니다. 이 변화에 대응할 혁신은 단순하게 유지해야 합니다. 복잡한 혁신과정은 효과를 내지 못하기 때문입니다.

자동차 산업은 더 이상 자동차 업계의 전유물이 아닙니다. 엔진이 필요 없는 전기자동차가 등장하면서 자동차는 소비재로 바뀌었습니다.

탁월한 디자인과 비즈니스 플랫폼을 설계할 수 있다면 누구라도 자동차 산업에 참여할 수 있게 된 것입니다. 마침내 자동차 산업은 산업 내부가 아니라 외부자들에 맞서 생존해야 하는 상황에 놓이게 되었습니다. 모든 혁신이 하루아침에 고객에게 받아들여지는 것은 아닙니다. 혁신으로 피해를 입거나 사라지게 되는 기존의 이익소유자들로부터 저항을 받게 마련입니다. 그러므로 혁신은 임계점 돌파가 필요하며 그때까지는 시간이 걸릴 수 밖에 없습니다.

이런 산업간 경계의 파괴는 2017년 금융산업에서도 이미 일어났습니다. 인터넷을 기반으로 하는 모바일 뱅크가 전통 금융기업들을 무너뜨리는 다윗이 되고 있습니다. 한국의 카카오뱅크 같은 경우 이미 확보한 카카오톡 가입 고객들을 상대로 모바일 뱅크 사업을 시작했고 불과 수 개월 만에 수 백만명의 고객을 확보할 수 있었고 지금은 천만 명을 넘었습니다. 기존 아날로그 은행이라면 엄두도 낼 수 없는 성과입니다. 산업 표준으로 자리 잡은 뒤에는 쉽사리 무너지지 않습니다. 더욱이 카카오톡은 이미 수천만명의 장기고객을 확보하고 있는 플랫폼입니다. 기존 은행의 고객 이탈은 순식간에 일어납니다. 초기에는 양쪽을 모두 이용하겠지만 시간이 흐를수록 카카오만 사용하는 고객이 대폭 늘어나게 될 것입니다. 카카오뱅크보다 더 편리하고 고객에게 유리한 금융 서비스를 제공하지 못한다면 기존 아날로그 금융기업들의 미래는 늙어가는 고객들과 운명을 같이할 수밖에 없습니다. 아마존이 했듯이 온라인 강자는 오프라인으로 진출합니다. 모든 것이 온라인 세상이 되는 것은 아닙니다. 디지털이 아무리 번성해도 아날로그는 사라질 수 없습니다.

우버의 등장으로 택시업계가 크게 타격을 받은 것은 물론입니다. 미국에서 우버는 젊은이들의 전유물이 아닙니다. 시니어들도 우버를 애용합니다. 집에서 차를 몰고 주차장에 두면서 주차료를 낼 일도 없고 공항에서 깨끗하게 청소된 우버를 타면 다른 사람들의 시간을 뺏을 일도 없습니다. 에어비앤비는 호텔업계에도 지각변동을 일으켰습니다.

20세기까지만 해도 철벽 같았던 산업간 경계가 사라지고 있습니다. 더는 보호라는 것이 없으며, 나만의 안전지대도 사라졌습니다. 혁신하지 못하는 자는 살아남을 수 없는 세상이 온 것입니다. 기업의 생사여탈권은 오직 고객의 손에 달려 있을 뿐입니다. 그런 파도를 규제라는 방파제로 쌓아 본들 기회에 투입해야 할 비용을 시체에 투입하는 것에 지나지 않습니다. 한국에서 우버는 여전히 허용되지 않고 있기에 변종들이 생겨나고 있습니다. 이런 것들은 시간과 비용을 아낄 수 있는 직진차로를 막아 놓아 마지 못해 우회로를 이용하게 하는 것입니다. 타다같은 혁신 기업이 정치적 이해타산으로 지속되지 못하고 시장에서 철수했습니다. 이것은 일시적이며 큰 흐름을 거스를 방법은 없습니다. 택시와 렌트카 업계에 산소호흡기로 시한부 생명을 유지하게 할 뿐입니다. 아무리 몸부림쳐보아야 시장 결정권은 고객에게 넘어 갔습니다. 타다는 고객들이 원하는 서비스입니다. 역사가 증명하듯이 스스로 버리지 못하는 것은 결국 버림당 할 수밖에 없습니다. 쓰나미가 닥치면 삽시간에 사라집니다.

(5) 인구 구조의 변화

이것은 기업 외부의 일이며 기업이 통제할 수 있는 요소도 아닙니다. 기업이 할 수 있는 일이라곤 그 변화구조를 진지하게 관찰하고 무엇을 해야 하고, 무엇을 하지 말아야 하는지에 대한 신속한 의사결정뿐입니다. 인구 구조의 변화는 전체 인구, 나이별 인구, 성별 구조, 고용 수준, 교육 수준, 소득 구조 등의 인구 통계변화를 주목해야 합니다. 이런 정보들은 모두 분명하고 그런 구조변화에 따라 몰고 오게 될 결과도 예측할 수 있습니다.

이미 고령화 시대로 진입한 나라에서는 노인들을 대상으로 기회를 찾아내지 못하면 살아남기 어렵습니다. 젊은이들의 결혼 시기가 늦어지거나 독신 가구가 늘어나, 일인 상품 시장이 빠르게 성장하고 있습니다. 일인용 밥솥이나 냉장고가 등장한지 오래며 식당조차 일인용 칸막이 좌석이 필수가 되었습니다. 기혼가정에서도 자녀는 한 명만 낳고 있는 탓에 그 아이는 가정의 유일한 기쁨이자 희망이 되고 있으니 아이를 위해서라면 돈을 아끼지 않습니다. 혁신기회 탐색이 가장 수월한 곳이 인구 구조의 변화를 대상으로 하는 것입니다. 중국 광춘제 세일날에 가장 많은 매출을 달성한 제품은 일본산 기저귀입니다. 아이를 한 명만 낳아 기르게 만든 중국 정부의 인구제한 정책이 소비재 시장에서 안전하고 고품질 제품을 공급하는 기업에게 큰 기회를 만들어 준 것입니다.

호텔은 언제나 2인 1실을 기준으로 준비하는 곳이었습니다. 그렇지만 싱글족이 늘어나고, 혼자서 여행하거나 조용히 즐기려는 사람이 많아지고 있습니다. 이제 1인 고객용으로 가격을 낮추고 방의 구조나 시설도 그에 맞출 필요가 있습니다. 방에서도 실제 고객들이 사용하지 않는 것들은 모두 치우고 더 단순하게 할 수도 있습니다. 단순하게 만들면 고정비용이 줄어들게 됩니다. 인구 구조의 변화는 혁신 기회 가운데 가장 확실하고 유력한 대상입니다.

⑹ 인식의 변화

인식변화에서 혁신 기회를 발견하는 것은 타이밍입니다. 역사적으로 여성에게 참정권이 부여된 지 얼마되지 않습니다. 미국은 1920년에 이루어졌으며 한국은 1948년에 허용되었습니다. 여성이 집안에 틀어박혀 가사와 육아에 몰두하던 시대는 사라지고 있습니다. 한국에서도 결혼 뒤 부부가 모두 경제활동을 하지 않으면 살기 어려운 시대로 진입했습니다.

시장에서 인식변화가 기회를 제공한 것으로는 남성화장품을 들 수 있습니다. 아름다움의 추구는 여성의 의무이자 권리라고 생각했던 것이 사라지고 남성도 아름다움에 관심을 갖는 시대가 되었습니다. 인식변화는 고정된 것이 아닙니다. 일시적 유행인 경우도 흔하고, 그런 추세가 지속될 수 있을지 알 수 없으므로 인식변화에 따른 혁신투자는 타이밍을 포착하고 소규모로 또한 구체적으로 출발해야 합니다.

결혼은 반드시 해야 하는 것으로 생각하던 시절은 이미 과거가 되었습니다. 대가족 제도가 붕괴되고 생계유지와 육아가 만만찮은 일이 되면서 독신남녀가 늘어나고 있습니다. 결혼식장은 문화의 변화뿐만 아니라 결혼수요 자체의 축소도 피할 수 없어 전국에서 문을 닫는 결혼식장이 속출하고 있습니다. 덩달아 그 여파로 결혼사진을 전문으로 하던 사진관은 점점 수요가 줄어드니, 새로운 시장을 찾고 있습니다.

(7) 기후변화

19세기 후반부터 관찰되기 시작한 지구온난화는 여러가지 과학적 조사와 증거로 확인되었습니다. 남극 빙하는 하루가 다르게 녹고 있으며 지구온난화에 따른 이상기후는 지구 곳곳에 나타나고 있습니다. 한반도는 기후 변화로 사과 생산지가 강원도까지 북상한지 오래입니다. 뚜렷했던 사계절이 마치 긴 여름과 긴 겨울만 있는 것처럼 느껴질 만큼 봄과 가을은 짧아졌습니다.

기후변화는 산업과 시장 전체에 냉정하게 영향을 미치는 요인입니다. 혹독한 겨울이 오래갈 것이라는 일기예보를 믿어 대량으로 제품을 쌓아둔 의류기업은 망하기 쉽고, 기후변화에 따른 수요변화를 실시간으로 대응할 수 있는 생산시스템을 갖지 못한 의류기업은 파산하고 맙니다. 스페인의 의류와 소품 제조 판매 기업인 자라는 일찍이 변화를 혁신으로 받아들인 기업입니다. 혁신기회로서 기후변화는 피할 수 없는 현실입니다.

(8) 신지식과 아이디어

지식을 기반으로 하는 혁신은 파괴적이며 최상급입니다. 주로 기술 혁신으로 나타나는데 기술개발 뒤 제품화까지 시간이 오래 걸립니다. 여러 지식의 발전과 통합으로 서서히 만들어집니다. 컴퓨터만 하더라 도 진공관과 트랜지스터의 발견, 수학적 이진법, 펀치카드, 운용 프로 그램 등이 없었다면 현실화될 수 없는 제품이었습니다. 그러므로 그런 기술들이 등장하기까지 뜸들이는 시간이 필요합니다.

새로운 지식이 미치는 범위는 매우 넓습니다. 1869년에 설립된 월스 트리트의 대형 금융기업 골드만삭스의 전임 블랭크파인 회장은 2015 년 '골드만 삭스는 IT기업'이라고 선언했습니다. 이 회사 구성원의 25%가 컴퓨터 엔지니어입니다. 지금 그 비중은 더 커지고 있습니다. 한때 600명에 달하던 주식 중개인들이 2018년말을 기준으로 단 두 명 만 남았습니다. 컴퓨팅기술과 인공지능으로 대체한 것입니다. 골드만 삭스는 연일 최대 실적을 쏟아내고 있습니다. 새로운 지식은 이처럼 파 괴력이 높고, 사람들이 기존에 가지고 있던 고정관념을 쉽게 바꿀 뿐만 아니라 비즈니스틀을 완전히 바꿀 수 있습니다.

혁신탐색기회 8가지는 개별적이면서도 서로 겹치기도 합니다. 때로는 서로 결합된 형태로 보이기도 하기에 꼭 분리해서 생각할 필요는 없습니다. 모든 기업이 8가지 모두를 적용하기보다는 '우리의 사업이란 무엇인가, 무엇이 되어야 하는가'라는 질문을 통해서 선택적으로 탐색하는 것이 중요합니다.

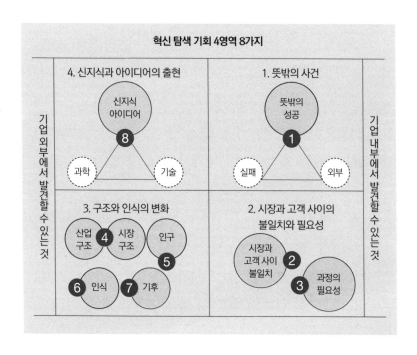

SA 10
혁신의 중심 실리콘밸리

1
실리콘밸리 혁신 생태계 5요소

실리콘밸리가 성공하게 된 것, 그것도 지속적으로 성공 궤도를 만들고 반복하며 유지할 수 있는 이유는 생태계 디자인의 힘입니다. 그것은 도로망을 보면 알 수 있습니다. 실리콘밸리의 중심도로 가운데 한 곳인 280은 서부지역에서 남북을 연결하는 Freeway입니다. 이 도로를 타고 가다 상황이 바뀌어 도로를 벗어나야 한다면 멀리까지 가지 않아도 바로 출구가 나옵니다. 한국은 상대적으로 좁은 땅임에도 고속도로에서 벗어나는 출구간 간격이 제법 길게 만들어져 있습니다. 그런데 이곳 280 도로에서는 출구간 거리가 짧습니다. 대부분 아무데나 나가서다시 돌아오거나 또 다른 곳으로 방향을 바꾸어 갈 수 있습니다. 이것이 실패하더라도 바로 재도전할 수 있다는 실리콘밸리 환경의 상징이라고 봅니다. 실리콘밸리에서 실패는 영광의 상처일 뿐이며 다음 도전의 성공가능성을 높게 만든다는 인식이 강합니다. 성공 경험의 데이터를 한개 더 확보한 것으로 여깁니다. 따라서 버리기도 당연하게 받아들이는 것과 동시에 부활의 기회가 주어집니다. 실리콘밸리 생태계의 성공 요인은 다음 5가지입니다.

1 리스크 감수 문화

실리콘밸리의 자궁은 팔로알토입니다. 캘리포니아의 자유추구 문화에서 잉태된 것으로, 출발부터 리스크라는 두려움을 꿈으로 대체한 도전 정신이 충만하여 부딪혀 실패하더라도 멸시당하는 일이 없지요. 오히려 훈장이 하나 붙습니다. 그 경험을 높이 사는 것입니다. 앞서 말한 것처럼 벤처 캐피털에서 투자심사를 할 때에도 실패한 경험이 있는지 물어보는 이유도 그것이 상처가 아니라 거름이라고 인식하는 것입니다.

2 풍부한 인재

벤처기업 탄생의 성지인 팔로알토에 있는 스탠포드 대학과 샌프란시스코에 있는 캘리포니아 주립대학 가운데 한 곳인 버클리 대학에서 쏟아지는 인재들이 풍부합니다. 여기에 외국에서 대성공을 꿈꾸고 들어오는 해외 인재들까지 더해져 천재들의 놀이터가 되었습니다. 문 밖을 나서면 길거리에서 만나는 사람 가운데 박사학위를 가진 사람도 흔합니다. 그럼에도 소프트웨어 분야 엔지니어는 여전히 부족합니다. 그만큼 소프트웨어가 세상을 지배하게 되는 구조적 변화가 뚜렷하다는 증거고 실리콘밸리 산업의 핵심도 소프트웨어기술을 기반으로 합니다. 여전히 세계의 젊은 인재들이 미국으로 몰려들고 있습니다. 선진 강대국 가운데 아직도 고령화 되지 않은 사회는 미국 뿐일 것입니다.

3 금융인프라

돈은 돈을 부르는 곳, 황금이 있는 곳에 모입니다. 내노라 하는 벤처캐피털 기업들이 대부분 실리콘밸리에 포진해 있습니다. 10개 가운데한 개만 성공해도 나머지 9개의 손실을 회복하고도 남는 것이 벤처투자입니다. 실제로 성공 확률이 5% 이하라고 말하지만, 규모의 고객을확보할 수 있다는 검증만 되면 자체 상장이나 대기업에 인수 합병되는경우가 많기에 빅히트 가능성이 높다고 할 수 있습니다.

4 플랜비 plan B

벌집효과라고 하여 여타 기술기업들이 잔뜩 모여 있어 실패하더라도같은 실리콘밸리 거주지 범위 내에서 다시 직장을 구할 수 있습니다. 생산수단을 가진 지식노동자라면 언제나 일자리가 있어 다시 취직할수 있는 환경입니다. 따라서 창업 후 실패하여 인생이 완전히 망가지는 사태는 오지 않습니다. 창업자들의 성공사례 분석에서도 증명되었지만, 플랜비가 없는 외통수 창업자들보다는 실패하더라도 취업이 가능하다는 안전판이 있을 때 창업자의 성공확률이 훨씬 높습니다.

5 네트워킹

세계 최대 SNS 비지니스를 주도하는 두 개 회사 페이스북과 링크드인이 실리콘밸리에서 디지털 사업을 주도합니다. 여기에 구글, 애플, 아마존 등 대부분의 기업들이 성장을 지속하고 있어 소프트웨어 기술자가 턱없이 부족합니다. 각종 컨퍼런스와 전시회는 일주일이 멀다 하고 열리고, 때로는 브런치 모임으로, 해질녘이면 저녁 모임에서 새로운 엘도라도를 찾는 벤처캐피털리스트와 돈줄을 찾는 벤처기업가들 그리고 혁신 기회를 갈구하는 기업경영자들이 끼리끼리 모입니다. 옆에서 슬쩍 흘려들은 말이 금광발굴의 단초가 되기도 하는 곳입니다. 그때는 누가 먼저 그 금광에 가서 금을 캐는가에 달려있습니다. 생각하는 자가 아니라 실행하는 자가 진정한 기업가입니다.

2
지식노동자와 인재경영 3요소

DELETE

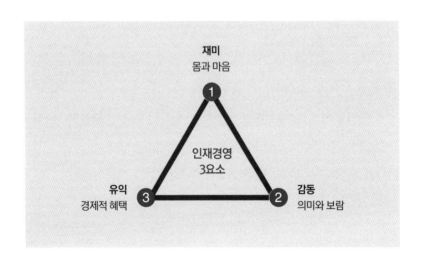

기업의 지속생존과 성장은 결국 인재에 달려있습니다. 이 때문에 실리콘밸리에서는 인재확보 경쟁이 그 어느 곳 보다 치열합니다. 연봉은 매년 기존 기록을 갱신하고 기업 간 복리후생 경쟁이 벌어집니다. 그러나 돈으로 모든 것을 쓸어 담을 수 없는 곳이 실리콘밸리이기도 합니다. 그만큼 업무강도와 성과달성의 압력이 만만찮은 곳입니다. 일반적으로 명성이 높은 회사일수록 스트레스 수준도 높습니다. 밖에서 보기에는 모두 천국같은 환경에서 일하는 것으로 생각할 지 모르지만, 안에 있는 사람들은 자기와의 싸움이 치열합니다. 거듭 말하지만, 지식노동자도 두 가지 부류로 나뉩니다. 생산수단을 가진 사람과 그렇지 못한 사람이며, 조직이 바라는 사람은 생산수단을 지닌 사람입니다. 그것은 남다른 가치를 만들어 내기 때문입니다. 일본의 유토피아 기업인 미라이 공업 창업자 야마다 사장은 "사원에게 감동을 줄 수 있는 '당근'을 궁리하는 것이 경영"이라고 말했습니다. 그 당근이란 다름 아닌 재미, 감동, 유익입니다. 19세기 산업혁명 시대에는 토지, 노동, 자본이 생산의 3요소였다면, 20세기에는 자본, 기술, 인재로 바뀌었고 21세기인 지금은 지식 하나가 모두를 대체하였습니다.

경영은 무엇이라고 말하던 인간에 관한 것입니다. 학습을 통해 생산수단을 확보한 지식노동자는 더 이상 피고용자의 수준에 머물지 않습니다. 그들은 기업이 자신이 추구하는 사명이나 비전과 다른 방향으로 가고 있다는 것을 확인하면 언제든 떠날 수 있고, 스스로 창업할 수 있는 사람들입니다.

21세기 지식노동자 시대에서는 재미(몸과 마음), 감동(의미와 보람), 유익(경제적 혜택)이야말로 인재경영의 본질입니다. 영양소가 부족하면 병들고 사망하는 것처럼, 인재가 부족한 조직은 산소결핍 증상을 보이고, 미래를 기약할 수도 없으며, 더 이상 새 것을 만들어내지 못하여 마침내 사라지게 됩니다.

실리콘밸리에서 인재들이 추구하는 것은 지위나 회사 간판이 아닙니다. 그들은 올바른 것을 추구하며 무엇보다 창의성을 발휘하여 더 나은 세상을 만드는 것을 선택의 기본 요소로 생각합니다. 지휘나 통제방식으로 놀라운 성과를 내는 기업은 더 이상 없습니다. 그것은 낡은 경영의 유물입니다. 실리콘밸리라고 해서 모두 특급이나 A급 인재만 있는 것은 아닙니다. 실리콘밸리는 텀블러와 같습니다. 평범한 인재도 비범한 인재들과 어울리고 뒹구는 과정에서 서로 부딪히면서 마찰과 소음을 내고 드디어 빛나는 돌로 바뀌게 됩니다. 인간에게는 환경이 미치는 영향이 큽니다. 같이 일하는 과정에서 서로 다듬어지는 것입니다. 그렇다고 특급 인재가 손해를 보는 것이 아니라, 특급 인재들도 완벽하지 못하기에 다른 인재들로부터 도움을 받고 자신들이 할 필요 없는 일, 잘하지 못하는 일들을 대신해 줄 사람들이 필요한 법입니다.

모든 기업들이 창의성을 요구하지만, 창의성은 재미에서 탄생하기가 쉬운 것이지 압박이나 공포가 아닙니다. 압박이나 공포를 통해 얻을 수 있는 것은 질식이나 도망입니다. 재미없는 일을 잘할 수 있는 사람은 없다고 말할 수는 없겠지만 아주 드물다고 말할 수 있습니다. 재미가 주는 한계를 극복할 수 있는 것이 의미와 감동입니다. 보상이 부족해도 밤새워 일할 수 있는 것은 일을 통해 구현하는 자기만족 그리고 인정받는 것과 사회 구성원으로서의 존재감인 것입니다. 지금 내가 하는 일과 그 일이 가져올 미래 결과가 사회적으로 아무런 영향도 미치지 못하는데 혼신의 노력을 쏟아 부을 동기는 쉽사리 나오지 않습니다. 테슬라의 구성원들은 다른 기업들보다 보상수준이 높아서 열성을 다하는 것이 아닙니다. 그들은 스티브 잡스처럼, 엘론 머스크가 말하는 비전과 사명을 쫓아 세상을 바꾼다는 일에 더 큰 가치를 두고 있어 가능한 것입니다. 스티브 잡스는 "우주에 충격을 주고 싶다"고 했습니다. 엘론 머스크가 스티브 잡스가 못 다한 일을 하는 셈입니다.

그러나 아무리 재미와 감동이 크다 할지라도 적정한 유익이 없다면 그 조직에 머무를 사람은 없다고 할 수 있습니다. 돈없이 생활할 수는 없으니 상대적으로 조금 적을지라도 보편 타당한 금전보상이 있어야 합니다. 거기에 혁신이 성공하여 큰 성과를 내게되면 은퇴할 수 있을 만큼 큰 보상에 대한 기대도 큽니다. 전 세계에서 인재들이 모이고, 연일 인수나 증권시장 상장이 터지기에 부동산 가격이 치솟고 있습니다. 아무데고 말뚝만 박은 곳이라도 집값은 100만불이라는 말이 있을 정도입니다. 이 고임금, 고보상, 고성과의 부작용으로 실리콘밸리 거주자들이 물가가 낮은 곳으로 이주하고 있고, 노숙자가 날로 늘어나고 있는 반면, 실리콘밸리에서 백만장자는 흔한 일입니다. 주식옵션이 일반적이라 짧게는 5년 정도만 일한다면 두둑한 주식차액으로 큰 돈을 벌 수 있습니다.

인간의 행복이 경제적 풍요와 관련이 깊다는 것은 이미 과학적으로 증명되었습니다. 인간이란 물질이 주는 혜택에 따른 소비수준의 향상을 무시하기 어려운 법입니다.

조직에서 의사결정과 행동기준은 구성원들이 인식하고 느끼는 재미, 감동, 유익 3가지에 달려있습니다. 이 3가지는 지식노동자 각자의 선택을 따르게 됩니다. 표준이란 없습니다. 모두 다르다는 것을 인정하는 원칙만 있을 뿐입니다. 누구나 일이 재미있다고만 해서 성과를 내는 것도 아니며, 사회적으로 그 일이 뜻있는 공헌을 한다고 해서 헌신하는 것도 아니고, 많은 돈을 벌 수 있다고 몰입하는 것도 아닙니다. 이 3가지의 개인별 선택 조합에 따라 일에 대한 책임감, 구성원간 협력과 조직의 성과 여부가 달라집니다.

재미로만 사회에 공헌하는 사람들이 위키피디아 같은 곳에서 자발적으로 내용을 검증하고 정보를 올리는 사람들입니다. 이들에게는 아무런 보상이 없습니다. 컴퓨터 가격을 낮추는데 크게 공헌한 리눅스 소프트웨어도 같은 동기로 세상에 나온 것입니다. 더 나은 사회를 만드는데 공헌하겠다는 사명과 목표를 가지고 활동하는 비정부단체(NGO) 또는 비영리단체(NPO)에서 일하는 사람들은 적은 보상으로도 감동과 보람을 가지고 일을 합니다. 여기서 일하는 동안 자신이 도움을 준 단체나 개인으로부터 "고마워요. 덕분에 인생이 바뀌었어요. 삶에 희망을 가질 수 있게 되었습니다"는 말을 듣는 순간 피로가 사라지는 법입니다. 이 타심이 행복의 원천이 될 수 있다는 것입니다.

유익이 우선인 일반 회사에서는 구성원들이 추구하는 경제적 유익으로 타당한 보상을 해주는 것이 가장 중요하겠지만, 조직안에서의 책임감은 돈으로 살 수 없습니다. 경제적 보상은 동기유발에 한계를 가지고 있습니다. 그러나 일의 주인이 되어 전문가로 인정받는 것과 목표달성의 성취감은 지식노동자에게 강점강화와 자부심 증대로 돌아옵니다. 그들이 스스로 목표를 세우고 주도할 수 있게 할 때 생산성이 올라갑니다. 지식노동자는 경영자와 파트너로부터 간섭보다는 신뢰와 지지를 받을 때 잘하겠다는 책임감과 해보겠다는 열정도 증폭합니다. 전체 구성원에 대한 획일적 보상은 회사 처지에서는 효율적이겠지만, 구성원 개별적으로는 효과적이지 못합니다. 조직이 추구해야 하는 것은 효율이 아니라 효과가 먼저입니다.

인재들이 실패로부터 자유로울 수 있다면 더 멀리 갈 수 있습니다. 두려워하지 않고 모든 아이디어를 동원해서 시도해 볼 수 있다는 것입니다. 그래서 인재는 스스로 결정할 수 있도록 해주어야 합니다. 그렇게 하면 결과에 대한 책임과 보상도 자기가 선택할 수 있는 것입니다.

사람들이 포기하는 것은 하고 있는 일이 성과가 나오지 않을 때입니다. 그 이유는 잘하는 것이 아니거나, 의미가 없거나, 정말 좋아하는 일이 아니기 때문입니다. 그 일을 사랑하지 못한다면 실패할 가능성이 높습니다. 생산성 있는 조직이란 주위에 훌륭한 사람들이 많이 모이는 것입니다. 팀웍이란 서로를 믿는 것이고 믿음이란 신뢰가 아니라 신용이며, 서로 놀랄 일이 없다는 것입니다.

실리콘밸리에도 어두운 면은 있습니다. 워낙 물가가 치솟다 보니 거주민의 1/3은 가난에 시달립니다. 그들이 가진 생산수단은 지식이 아닌 육체노동입니다. 이런 사람들이 사라지면 실리콘밸리는 살 수 없는 도시가 될 것입니다. 그래서 활발한 기부와 여러가지 지원 프로그램을 가동하고 있습니다. 적은 보상으로 힘든 노동일을 하는 사람들이 없다면 부자들도 살 수 없습니다. 부자들이 잘 살기 위한 방법은 가진 것을 나누어 생태계를 건강하게 하는 것입니다. 그건 자신들을 위한 것이며, 그렇게 하지 않는다면 혁명으로 모든 것을 잃을 수도 있습니다. 실리콘밸리에서 기부가 흔하고 사회적 안전장치를 고심하는 것도 결국은 그 사회의 지속생존과 성장 그리고 내일의 안녕을 위한 선택입니다.

THE
DELETE

SA 11
우리 회사 버리기 등급
체크리스트

인간과 기업도 등급이 있습니다. 사회에서 제발 오랫동안 사회구성원이 되어 주기를 응원받는 1등급 인격자가 있는가 하면, 사회악으로 사회구성원들에게 해를 입히는 10등급 인간도 있는 법입니다.

'우리회사 버리기 등급 체크리스트'를 통해서 우리 회사의 조직문화 수준은 어디에 있는지 알아보시기 바랍니다.

NO	항목	NO	항목	Yes	No
1	강점이 아닌 것과 경쟁에서 패한 것	1	강점을 벗어난 사업다각화		
2		2	시장에서 리더십을 잃어버린 것		
3		3	실패한 사업		
4		4	약점개선 노력		
5		5	일시적 유행을 따르는 것		
6		6	핵심기능이 아닌 것		
7	고객만족을 주지 못하는 것	1	고객에 대한 불평		
8		2	고객에게 심적부담을 주어 이익을 취하려는 것		
9		3	고객을 가르치려는 것		
10		4	고객을 수익원으로 생각하고 대하는 것		
11		5	고객을 통제하려는 것		
12		6	고객의 시간을 뺏는 것		
13		7	기술기반 의사결정		
14		8	복잡하고 어려운 반품처리 과정		
15		9	수동적 고객 서비스		
16		10	싸게 파는 것		
17		11	원가 기준 가격 설정		
18		12	자기방식 고객서비스		
19	공헌이나 성과가 없는 것	1	경쟁사에 초점 맞추기		
20		2	계획을 고수하는 것		
21		3	구성원 교육과 훈련의 책임		
22		4	구성원 전체에 대한 보상 비공개		

NO	항목	NO	항목	Yes	No
23	3 공헌이나 성과가 없는 것	5	구성원들이 상사를 선택할 수 없는 것		
24		6	목표를 낮게 잡는 것		
25		7	문제를 최고인재에게 맡기는 것		
26		8	미래를 예측하려는 것		
27		9	영업중심사고		
28		10	통합수익모델		
29	4 낡은 것과 과거유물	1	결재판		
30		2	과거형 채용문화		
31		3	구성원간 경조사비		
32		4	구성원을 가족이라고 하는 것		
33		5	구성원을 피고용자로 생각하고 대우하는 것		
34		6	구성원의 잠재력 무시		
35		7	권한 집중		
36		8	기업을 사유물로 여기는 것		
37		9	노조 방해		
38		10	돈만 많이 주면 된다는 생각		
39		11	명령		
40		12	사무실 칸막이		
41		13	사장실과 임원실		
42		14	연공서열		
43		15	임원용 고급승용차		
44		16	임직원및 방문객 식당구분		
45		17	정보독점		
46		18	주인정신을 가지라고 하는 것		
47		19	집단행사		
48		20	퇴사자 재취업 금지		
49		21	퇴직나이 규정		
50		22	폐쇄적 의사결정		
51		23	포상제도		
52		24	호칭에 직위, 직책, 님을 붙이는 것		
53		25	화려한 사무실		
54		26	휴가날짜 통제		

NO	항목	NO	항목	Yes	No
55		1	간접부서 비대		
56		2	다단계 직위체계		
57		3	대규모 채용행사		
58		4	보고를 위한 회의		
59		5	불량상사 방치		
60		6	비용처리를 일로 만드는 것		
61		7	사후출장 보고서		
62		8	시스템 결함		
63	5 생산성이 없는 것과 생산성을 갉아 먹는 것	9	아날로그 사고와 아날로그 시스템의 고집		
64		10	인원과잉		
65		11	일을 기준으로하는 자원배분		
66		12	일을 사람에 맞추는 것		
67		13	정보관리 개인화		
68		14	주인이 여럿인 이메일		
69		15	지정석		
70		16	출퇴근 시간관리		
71		17	테이커형 구성원		
72		18	하위성과자 해고		
73		1	감시카메라		
74		2	구성원 통제		
75	6 자원낭비가 일어나는 것과 자원낭비가 일어나는 곳	3	낭비문화 방치		
76		4	다른 구성원의 시간을 낭비하는 것		
77		5	소비적 비용		
78		6	지나친 배려		
79		7	지나친 출입보안 과정		
80		1	갑질		
81		2	개인취향 간섭		
82	7 조직문화, 사명 그리고 사회윤리에 어긋나는 것	3	경영자의 교만과 진정성없는 리더십		
83		4	고용청탁 허용		
84		5	교양이 없는 것		
85		6	구성원간 접대		
86		7	꼰대문화		

NO	항목	NO	항목	Yes	No
87		8	불투명 경영		
88		9	사명무시		
89		10	사장에 대한 지나친 보상		
90		11	인본주의를 무시한 현실적 행동		
91		12	소극적 칭찬		
92		13	실적적하를 외부 탓으로 돌리는 것		
93	7	14	실패를 비판하거나 부정적으로 평가하는 것		
94	조직문화, 사명 그리고 사회윤리에 어긋나는 것	15	의견제시에 차등과 장벽을 두는 것		
95		16	질문으로 확인하지 않고 상상하는 것		
96		17	최대이익추구		
97		18	하향식 소통		
98		19	화합을 해치는 사람		
99		20	환경훼손		
100		21	회식문화		

SA 12
Warming Up 질문 30개의 해답

**"지금 다시 결정할 수 있다면,
그 일에 대하여 무엇을 어떻게 하시겠습니까"**

버리는 조직 버림받는 조직

THE **DELETE**

초판 1쇄 인쇄 2020년 5월 12일
초판 1쇄 발행 2020년 5월 19일

지은이 조영덕, 정성만, 박현석
펴낸이 최익성
편집 송준기
마케팅 임동건, 임주성, 김선영, 강송희, 홍국주
마케팅 지원 황예지, 신원기, 박주현
경영지원 이순미, 신현아, 임정혁
펴낸곳 플랜비디자인
디자인 ALL designgroup

출판등록 제2016-000001호
주소 경기도 화성시 동탄반석로 277
전화 031-8050-0508
팩스 02-2179-8994
이메일 planbdesigncompany@gmail.com

ISBN 979-11-89580-31-5   03320

이 도서의 국립중앙도서관 출판예정도서목록(CIP)은 서지정보유통지원시스템 홈페이지(http://seoji.nl.go.kr)와
국가자료종합목록 구축시스템(http://kolis-net.nl.go.kr)에서 이용하실 수 있습니다. (CIP제어번호 : CIP2020017707)